名校名师名课·教学资源共享

高中数学欣赏十五讲

任念兵 ◎ 编著

华东师范大学出版社
·上海·

图书在版编目（CIP）数据

高中数学欣赏十五讲/任念兵编著. —上海：华东师范大学出版社,2018
ISBN 978-7-5675-8016-9

Ⅰ.①高… Ⅱ.①任… Ⅲ.①中学数学课—高中—教学参考资料 Ⅳ.①G634.603

中国版本图书馆CIP数据核字(2018)第157629号

高中数学欣赏十五讲

编　　著	任念兵
策划组稿	王　焰
项目编辑	王国红
特约审读	闫娜娜
装帧设计	卢晓红

出版发行	华东师范大学出版社
社　　址	上海市中山北路3663号　邮编200062
网　　址	www.ecnupress.com.cn
电　　话	021-60821666　行政传真 021-62572105
客服电话	021-62865537　门市（邮购）电话 021-62869887
地　　址	上海市中山北路3663号华东师范大学校内先锋路口
网　　店	http://hdsdcbs.tmall.com

印 刷 者	上海华顿书刊印刷有限公司
开　　本	787毫米×1092毫米　1/16
印　　张	9.75
字　　数	141千字
版　　次	2018年9月第1版
印　　次	2023年12月第3次
书　　号	ISBN 978-7-5675-8016-9
定　　价	35.00元

出 版 人　王　焰

（如发现本版图书有印订质量问题，请寄回本社客服中心调换或电话021-62865537联系）

目 录

前 言   1

第 1 讲   数学欣赏略论   1
第 2 讲   对数：延长寿命的数学   10
第 3 讲   方程：在还原与对消中寻找不变量   21
第 4 讲   向量：兼具代数和几何特征   30
第 5 讲   周期："等量"的重复过程   38
第 6 讲   单调性："走势"的定量刻画   47
第 7 讲   最值：寻求最优解   56
第 8 讲   距离：几何中的核心概念   68
第 9 讲   角：中国古代数学文明的缺失   77
第 10 讲   对称：深刻的结构和思想   87
第 11 讲   有向度量：概念的抽象与统一   95
第 12 讲   二项式：因二项式定理而"闻名"   104
第 13 讲   运算：代数的根本   113
第 14 讲   欣赏不变量与不变性   122
第 15 讲   无限：用"有限"来承载   130

附录   学生作品   137
参考文献   142

前 言

2014年,教育部颁布了《关于全面深化课程改革落实立德树人根本任务的意见》,其核心是落实好立德树人根本任务,而制定"学生发展核心素养体系"就是其中的关键环节.具体到高中数学教育领域,如何培育学生的数学核心素养就成为当前数学教育理论界和一线教师们讨论的热点话题.

然而,当前的数学教学存在"重术轻道"的倾向. 教师在日常教学中,重解题技能技巧的训练,轻普适性思考方法的概括,导致学生机械模仿多、独立思考少,数学思维层次不高;讲逻辑而不讲思想,强调细枝末节多,关注核心知识少,关注明确知识多,强调内容所反映的思想方法少,对学生数学素养的提高不利.

著名数学教育家张奠宙先生近些年来不遗余力地提倡在课堂教学中引导学生进行"数学欣赏",既注重欣赏数学的人文意境,又突出理解数学的理性精神,最终的目标指向是培育学生的数学素养.笔者学习相关理论,探索注重内容联系、突出核心素养的高中"数学欣赏"校本课程的开发与实践,取得了一定的教学实效.

一、"数学欣赏"校本课程的理论探索

张奠宙先生认为数学欣赏的教学设计,应从真、善、美这三个层面加以展开.数学的"真",是和数学所使用的逻辑演绎方法密切相关的,需要教师有意识地启发、点拨、解释,才能使学生领悟形式化表达的背后掩盖着的思想方法和文化底蕴,既讲推理又讲道理.数学以独特的方式为人类文明的发展服务,这是数

学"善"的表现,需要在教学中通过建立数学模型来体现数学的应用,揭示数学概念的内在本质、数学定理(公式)的应用价值以及数学思想体系的深远意义."美",包括外在美和内涵美,体现数学思维内在之和谐,欣赏数学的美需要数学思想的揭示和数学意境的营造.

高中数学课标修订组组长史宁中教授认为,数学教育研究的基本研究单位是知识团,即具有明确逻辑关系的知识点的集合.对于数学的内容,很难通过一节课或一个知识点就把数学的本质表述清楚,只有把一些具有逻辑联系的知识点放在一起进行整体设计,才能在关注知识技能的同时,认真思考数学的本质、体现的数学思想,培养学生的数学核心素养.

人民教育出版社"主要国家高中数学教材核心概念、技能及重要思想方法的比较研究"课题研究指出,国内外的高中数学教材都是围绕着核心概念展开的.在一个概念体系中,有些概念处于核心位置,其他概念或由它生成,或与它有密切的联系,我们称这些概念为核心概念.把握住数学的核心概念(包括重要的子概念),就抓住了数学知识的根本,掌握了知识增长的源泉.课堂教学应紧紧围绕某些核心概念(或重要子概念),数学欣赏的关键就是欣赏数学核心概念.

在上述理论观点的指导下,笔者确定了基于数学核心概念开发"数学欣赏"校本课程的基本思路.

1. 以若干专题的形式来编写教材

以若干专题构成教材,不苛求知识的系统性,以点带面地引导学生欣赏数学的"真、善、美". 由于数学学科独特的结构性、某一知识的单薄性就决定了不可能就某一个知识点开发出揭示数学"真、善、美"的丰富的数学欣赏的素材来,而是要统整高中数学学科的知识内容,将零散的学习内容集中起来进行专题开发,放大某个数学本质,凸显某种数学价值.而鉴于"核心概念"在教材体系中的重要性,每个专题都应紧紧围绕着某个核心概念(或重要子概念).

2. 按照结构化原则组织内容

张奠宙先生倡导的数学欣赏,都是把学习过的教学素材按照研究的主题

(核心概念)集中在一起让学生重新欣赏,为了在这种复习中提升对相关主题的认识层次,避免简单地炒冷饭,就需要对选择的教学素材进行适当的组织.按照结构化原则编写教材,关键是要加强概念之间的联系.具体地说,每节课都围绕一个中心论题(核心概念或重要子概念)展开教学,将概念组织为具有层次性、立体化的结构体系,精心组织相关的数学素材,使相应的核心概念(及其反映的重要思想)成为一个有机整体,使学生形成逻辑关系清晰、联系紧密的概念序列,从而形成功能强大的数学认知结构,切实发展数学能力,提高数学素养.

比如,在欣赏"角"时,通过对空间中"线面角""面面角"的两种理解(可以看成是"线线角"的最值、通过平面的法线可以转化为"线线角")来阐述角概念的内涵,通过"有向角"来说明角概念的外延,通过直线的倾斜角与斜率的关系来认识角概念的多元表征.

3. 揭示概念背后的理性精神

关于"数学的理性精神"没有严格的定义,常见的叙述有:数学理性是一种对周围的事物客观的、定量的看法,一种有理有据地推理、论证的思维,一种不迷信权威、坚持真理的精神.言必有据,永远不把所谓不言自明的定律视为必然,是理性精神的最自然而本质的体现.欣赏数学的理性精神,可以从提炼数学的思想方法的过程中去领悟、体会.

在教学中再现数学概念发生发展过程中的火热思考,可以运算、函数、距离、角、向量等核心概念为贯穿数学教学过程的"灵魂",通过数学欣赏,将数学的学术形态(形式化的演绎体系)转换为学生易于接受的教育形态,揭示贯穿数学知识体系中的数学思想方法.具体的形式有:深入挖掘,直接揭示;内容展示,归纳提炼;回顾总结,自我感悟.

比如,在欣赏"方程"时,提出"二分法求根"中蕴藏着存在性和逐步逼近的思想;在欣赏"有向度量"时,归纳各种有向性概念的表征,可以发现"有向"实际上体现的是概念抽象统一的价值;在欣赏"无限"时,通过全方位梳理教材中的无限(无穷)的概念、现象等,感悟有限与无限的思想.

二、"数学欣赏"校本教材的内容开发

数学欣赏素材的收集和欣赏专题的开发是设计数学欣赏的根本.笔者梳理了上海高中数学教材中的所有内容(主要是代数和几何,部分内容涉及导数知识),选取了背后蕴藏着丰富的数学思想方法和数学欣赏素材的若干概念,依次开发了数学欣赏十五讲.

1. 数学欣赏专题的确定

本课程开发的数学欣赏专题中,除第1讲是总论外,另外14个专题分别为:对数、方程、向量、周期性、单调性、最值、距离、角、对称、有向度量、二项式、运算、不变量与不变性、无限.选取这些概念作为专题,主要由于这些概念具有很强的生长性,是贯穿某些知识模块的逻辑主线,深入理解这些概念对提升学生的数学素养具有重要价值.

从选取的概念在概念体系中的地位来看,向量、距离、角、运算等在高中阶段充当着核心概念的角色;二项式定理是重要的代数恒等式,周期性、单调性、最值是函数(数列)的重要性质,方程反映着代数的原始意义,对数与运算、函数两大核心概念相联系,所以它们都是重要的子概念;而无限、不变量与不变性、对称、有向度量等在初等数学和高等数学中都是极为重要的概念.

从选取的概念在高中数学教材中出现的位置和频数来看,这14个专题可以分为三个层次:围绕比较单一的概念,比如对数、方程、向量、二项式、周期性、单调性、最值;涉及某个知识团或者模块的概念,比如无限、距离、角;贯穿整个高中数学的概念,比如对称、有向度量、运算、不变量与不变性.数学欣赏的重要维度是联系,上述三个层次将欣赏从"孤立地欣赏某个概念、某个定理"的较低层次,逐步推广到"结构化和系统化的层次".

2. 数学欣赏素材的选择

围绕着某个核心概念,本课程主要从本源性问题驱动、数学内在逻辑建构

两个视角切入来选择素材,除此之外,还注重促进西方数学与中华文化的交流与整合.

首先,对于构造性强、思维跨度大、方法创新程度高的教学内容,可以让学生欣赏数学的探索发现的过程,通过概念发生发展历史中的关键节点,了解数学概念经历的由"火热的思考"到"冰冷的美丽"的演变过程,促进学生的数学理解,发展数学能力.比如,在欣赏"对数"时可以介绍对数发展史的关键节点.

其次,数学欣赏要引导学生学会数学地思考问题,充分挖掘数学的内在力量.一方面是对选取的概念进行系统的剖析(内涵、外延、各种表征),一方面是选取与概念对应的"好题",通过解题帮助领悟核心概念所蕴含的数学思想方法.

最后,如何看待中国传统文化的现实意义,是当前的一个理论热点.我国当前基础教育阶段的数学课程,并非中国古代数学的延伸,而是全盘从西方引入的.因此,将西方数学与中华文明进行适度整合,从中华文化的角度来诠释西方数学,是一项值得思考的课题.比如,在欣赏"无限"时,笔者列举了与数学中研究"无限"的方法有意境相通之处的若干名句.

需要特别强调的是,校本教材中各专题紧紧围绕高中数学教材中的核心内容,大部分素材都取自教材、高考题(竞赛题)等,只在数学发展史、人文意境等方面适当补充其他材料.

3. 数学欣赏案例的设计

在数学欣赏各专题的案例设计中,问题要有挑战性.在信息时代仅靠一些小故事难以吸引学生,学生们通过网络都能知道,而且不同层次的学生对素材的敏感度也不同.因此,在具体问题的设计上,可以从数学发现的历程、数学研究的脉络、数学问题的延拓等方面设计问题,整合素材.比如,欣赏"最值"时可以对比数学、物理两种思路在处理最值问题中的差异,激发学生探究、欣赏的欲望.

另外,在欣赏概念的人文意境时,需要加强数学与文学、历史的沟通,成语、谚语、古代经典著作中的名句等都是数学欣赏可资借鉴的材料.比如,在欣赏

"周期性"时可以介绍明朝皇族姓名中的周期性现象,增加学习的趣味性.

三、"数学欣赏"选修课的实践与反馈

近三年来,笔者一边搜集素材、开发欣赏专题,一边尝试开设校本选修课.学校对每门选修课的选课人数设置了上限,每学期选数学欣赏课程的学生数都达到了上限,说明此类课程颇受学生欢迎.

每学期课程结束时,笔者都向学生发放调查问卷,收集有关校本选修课教学内容、学习评价方式等方面的反馈信息,并根据学生反馈对课程做相应调整.

1. 课程开设时机

许多数学概念和数学思想,刚开始接触时没有办法说透,真正的欣赏是在基本的理解和掌握的基础上才会产生的.从这个意义上说,数学欣赏,是在基本理解的基础上做进一步的深入理解.所以,数学欣赏选修课应在大部分高中数学内容已经学完的条件下开设,考虑到一线教学的实际,高二第二学期最为适宜.在校本教材编写时,涉及高二第二学期知识点的内容尽量放在课程的后面几讲,大致配合必修课教学的进度,这也是校本教材中专题顺序的编排依据.

2. 课程教学内容

在本课程开发的过程中,笔者根据学生的反馈不断调整校本教材的整体框架和专题内容.在第一期教学中,笔者曾想覆盖高中数学的所有主干知识模块,但根据某些模块开发的专题不够吸引学生,比如"欣赏三角"可以与物理中的波、高等数学的傅里叶级数联系起来,但是不适合高中生,能够融合进该专题的素材不是很多,学生反馈这些素材中只有一些感性的评价、缺乏有深度的相关问题.这些被学生评价所"否定"的数学欣赏专题最终都被舍弃.

在近三年的教学实践中,根据学生的各种反馈,笔者最终确定了教材编写的基本框架,即围绕某些核心概念(或重要子概念)开发数学欣赏专题,以点带面地引导学生进行数学欣赏;确定了内容开发的基本思路,即按照一定视角选

择素材、设计有思维挑战性的案例,通过适当地取舍,最终形成了现在的校本教材《高中数学欣赏十五讲》.

3. 学生学习评价

数学欣赏可以在数学学习的任何层次上开展,而不同的知识层次和观赏力会产生不同的欣赏体验和效果.解读数学的人文意境,可以从情感上给予"重文轻理"的学生一些正能量,让数学变得更容易亲近一些.而欣赏数学思想方法和内在逻辑,可以通过回味、反思使得数学思维得到理性的升华,是数学优秀生的"饕餮大餐".

因为不同的学生处于不同的欣赏层次,所以需要对学生在数学欣赏选修课上的学习进行开放的评价,这种开放性重点体现在考核方式上.笔者要求学生在学期末交一份作业(任选一种体裁):写一篇数学欣赏的小文(可以是读书笔记、上课感受等)、编一道值得欣赏的数学题(可以是改编做过的一道好题)、做一个数学小课题(可以是通过数学建模解决实际问题).学生反馈中最认可的考核形式是写篇数学欣赏小文.

4. 教学实践效果

立足于高中数学教材内容的数学欣赏校本课程,对于"教"与"学"都是较大的挑战,其主要影响体现在提升学生数学素养、促进教师专业发展两大方面.

数学欣赏校本课程受到了学生的欢迎,从每学期课程结束后的访谈中,笔者感受到:数学欣赏教学立足于核心概念(或重要子概念),通过结构化教学,整合体现数学思想方法的素材,能够帮助学生对数学知识和技能进行系统化、概括化,系统化、概括化的结果就成为数学能力,而数学能力是数学素养在数学活动中的外化形式.所以,数学欣赏除了激发学生学习兴趣,改进学习方法外,还可以在一定条件下提高学生的数学素养.多位选修"数学欣赏"校本课程的同学,在笔者指导下做了数学小课题研究.2018届徐毓阳、唐泽辉等同学的小课题分别获得了"上海市青少年科技创新大赛"一、二等奖;2017届顾臻、杨悦然等多位同学撰写的数学欣赏小论文发表于《新高考》等省级刊物.

数学欣赏的案例,没有现成的设计,需要课程开发者通过学习和钻研,自己去发现和提炼,这对教师的专业素养提出了较高的要求.除了具有丰富的数学教学经验和扎实的数学功底外,还应具备一定的文史功底(包括数学史).笔者在近三年的课程开发过程中,不断阅读和思考、开发数学欣赏的案例,专业素养得到较大的提升,已经在《数学通报》(核心期刊)、《中学数学教学参考》、《教育研究与评论》等刊物上共发表"数学欣赏"教学研究论文10篇,其中2篇被人大复印资料《高中数学教与学》全文转载.笔者主持的上海市青年教师教育教学研究课题《高中数学欣赏校本课程的开发研究》获上海市教委教研室组织的课题评选二等奖.

在本课程开发和校本教材编写过程中,张奠宙、章建跃等先生通过面谈、邮件和微信等形式给予诸多指导,让我明确了课程开发的宏观框架和逻辑主线.在课题研究方面,浦东教育发展研究院的周宁医、胡少舜老师提供了很多方便和建议.在论文撰写方面,《教育研究与评论》编辑部的顾俊老师、《中学数学教学参考》编辑部的周倩老师不厌其烦地修改我的稿件,提升了我对某些相关问题的认识层次,在此向他们致谢!

在教材编写过程中,我参考了不少前辈和同行的已有研究成果和心得,重要的相关文献都列在"参考文献"中,在此一并向各位原作者致谢!

由于水平有限,再加上时间仓促,虽然已经在极力避免,但书中不免仍有不少疏漏和错误,欢迎读者朋友批评指正.联系邮箱:rennianbing@126.com.

任念兵

2018年6月于上海张江

第1讲　数学欣赏略论

所谓"欣赏",《辞海》的解释是"领略玩赏",《现代汉语词典》的解释是"享受美好的事物,领略其中的趣味". 数学欣赏,是一种高级的思维活动和特殊的实践活动,以一定深度的数学理解、数学习得和数学认知为前提,并依托于欣赏者的科学素养、文化修养等,能够增进对数学概念、知识和思想的理解.

数学欣赏,欣赏什么?

数学欣赏的前提是对数学知识必须有一个真正的认识,融会贯通之后,才能在一定层次上进行欣赏. 许多数学概念和数学思想,刚开始接触时没有办法说透,真正的欣赏是在基本的理解和掌握的基础上才会产生的. 从这个意义上说,数学欣赏,是在基本理解的基础上做进一步的深入理解;高中数学欣赏,是按照某种视角对高中数学内容的一次重新梳理和复习.

具体说来,数学欣赏的视角包括:对比分析,体察古今中外的数学理性精神;提出问题,揭示冰冷形式后面的数学本质;梳理思想,领略抽象数学模型的智慧结晶;构作意境,沟通数学思考背后的人文情景. 换句话说,数学史、数学问题、数学应用、数学的人文意境是数学欣赏素材选择的基本内容.

数学欣赏,如何欣赏?

李邦河院士指出,"数学根本上是玩概念的,不是玩技巧,技巧不足道也",数学欣赏自然应该立足于数学概念的欣赏.在一个概念体系中,有些概念处于核心位置,其他概念或由它生成,或与它有密切的联系,我们称这些概念为核心概念.由核心概念生长出来的概念称为子概念.把握住数学的核心概念(包括重要的子概念),就抓住了数学知识的根本,掌握了知识增长的源泉.鉴于数学核心概念在增长数学知识、发展数学能力上的中心地位,数学欣赏的每个专题都将紧紧围绕某个核心概念(或重要的子概念).

现代学习理论研究表明,理解性学习的关键在于建构知识之间的联系,而理解的程度则由联系的数目和强度决定.从这个角度来看,数学理解的本质就是数学知识的结构化、网络化和丰富联系.

基于此,校本课程"高中数学欣赏",将围绕高中数学核心概念(或重要子概念),精心组织相关的素材,使相应的核心概念及其反映的重要思想成为一个有机整体;以专题的形式展开教学,让同学们经历"从表面到本质——理解概念的内涵与外延""从抽象到具体——把握概念的不同表现形式""从孤立到系统——认识概念之间的关系、联系,将概念组织为具有层次性、立体化的结构体系"的过程,形成逻辑关系清晰、联系紧密的概念序列.

简单地说,校本课程"高中数学欣赏"区别于基础课程的基本特征是,注重概念之间的联系,寻求知识和方法的内在统一,实现教学内容的跨学科整合,希望能站在系统的高度,给同学们带来心灵的震撼,让大家受到数学理性思维和精神的熏陶和洗礼,从而提升数学理解水平和数学素养.

本讲将从学科整合的角度,谈谈如何建立数学内部和外部的广泛联系,实现"从具体的解题方法走向数学的系统价值".

1. 谋求数学概念的本质统一

在数学学习的每个新阶段,为什么要引入某个数学概念,应按照怎样的逻辑思路对研究对象展开研究?"高中数学欣赏"课程从本源性问题驱动、数学内在逻辑建构两个视角切入来选择素材,深度挖掘教材中各种数学概念、结论等背后的隐性知识,围绕核心概念谋求各种相关概念的本质统一.比如,对数概念产生的本源性问题决定了其本质在于"化乘、除运算为加、减运算";方程知识网络的逻辑主线反映了其本质在于"在还原与对消中寻找不变量".

再举一例."坐标"是高中数学的重要概念,坐标系不仅仅可以"确定位置",其本质在于表述数学对象(坐标表示点、方程表示曲线),为研究函数(曲线)服务. 我们知道,平面直角坐标系中点与坐标一一对应,平面极坐标系中一个点对应着多个坐标. 从逻辑的角度我们很自然地提出问题:在什么样的坐标系中多个点对应着一个坐标? 下面的例子便可以回答这个问题,进而实现坐标概念的本质统一.

例1:(2006年高考上海卷)如图1-1,平面中两条直线 l_1 和 l_2 相交于点 O. 对于平面上任意一点 M,若 p、q 分别是 M 到直线 l_1 和 l_2 的距离,则称有序非负实数对 (p,q) 是点 M 的"距离坐标". 已知常数 $p \geq 0$,$q \geq 0$,给出下列三个命题:

① 若 $p=q=0$,则"距离坐标"为 $(0,0)$ 的点有且仅有 1 个;

② 若 $pq=0$,且 $p+q \neq 0$,则"距离坐标"为 (p,q) 的点有且仅有 2 个;

③ 若 $pq \neq 0$,则"距离坐标"为 (p,q) 的点有且仅有 4 个.

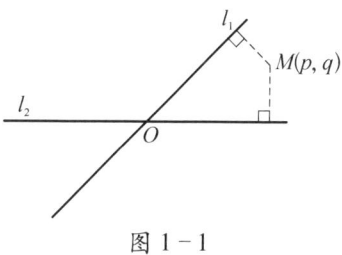

图 1-1

上述命题中,正确命题的个数是(　　)

(A) 0　　　　　　　　　　(B) 1

(C) 2　　　　　　　　　　(D) 3

解:这里,"距离坐标"为 $(0,0)$ 的点只能是两条已知直线的交点,故①正确;

若 $pq=0$ 且 $p+q \neq 0$,则 $\begin{cases} p=0, \\ q \neq 0 \end{cases}$ 或 $\begin{cases} p \neq 0, \\ q=0. \end{cases}$ "距离坐标"为 $(0,q)$ 的点有 2 个(与直线 l_2 的距离为 q 的两条平行直线与直线 l_1 的交点),"距离坐标"为 $(p,0)$ 的点也有 2 个,故②正确;

若 $pq \neq 0$,"距离坐标"为 (p,q) 的点是两组平行直线的交点,有 4 个,故

③正确. 故选 D.

2. 挖掘数理方法的内在联系

物理与数学如同一对孪生兄弟,无论从产生历史还是发展现状来看,两者都联系紧密、不可分割. 物理中的许多问题需要数学模型、数学方法去处理;同时,物理原理也为某些数学问题的研究提供了新的思想和方向. 在"高中数学欣赏"课程中,注重数学与物理(包括化学等理科)的相互渗透,沟通学科间知识和思想方法的内在联系,对提升同学们的科学素养和综合运用能力都具有积极作用,同时也符合高考命题"综合化"的改革趋势.

物理、化学的某些原理和数学知识之间具有某种"相似性". 最典型的例子就是物理中的楞次定律、化学中的勒夏特列原理和数学中的图形变换三者之间的内在联系. 物理中的楞次定律说的是"感应电流具有这样的方向,即感应电流的磁场总要阻碍引起感应电流的磁通量变化". 勒夏特列原理说的是"如果改变影响平衡的一个条件,平衡就向能够减弱这种改变的方向移动". 在数学中有类似的现象:若方程 $F(x,y)=0$ 在 x(或 y)上加或减,则方程对应的图形就沿 x 轴(或 y 轴)向能够减弱这种改变的方向平移. 比如,由 $\frac{y^2}{25}-\frac{x^2}{16}=1$ 到 $\frac{(y-3)^2}{25}-\frac{(x+2)^2}{16}=1(x\to x+2,y\to y-3)$,图形(双曲线)沿着 x 轴向负方向(向左)平移 2 个单位,沿着 y 轴向正方向(向上)平移 3 个单位.

在解物理题时,常常会利用一些数学公式;其实,有些数学问题也可以利用物理知识加以解决,这也从一个侧面展示了数学与物理的联系与和谐.

例 2:体积相等的正方体、球、等边圆柱(即底面直径与高相等的圆柱)的表面积分别为 S_1,S_2,S_3,则它们的大小关系是(　　)

(A) $S_1<S_2<S_3$　　　　　　(B) $S_1<S_3<S_2$

(C) $S_2<S_3<S_1$　　　　　　(D) $S_3<S_2<S_1$

解:(联想物理模型)落在荷叶上的水珠由于液体表面张力的作用,最终总是接近为球形(如果处于失重状态,将严格的为球形).液体表面张力使液体表面尽量收缩为最小的表面积(球形),所以在等体积的正方体、球、等边圆柱中,球的表面积 S_2 最小;而正方体接近于球的程度最差,表面积 S_1 最大;等边圆柱居中,于是 $S_2<S_3<S_1$,故选 C.

例 2 的数学解法是:首先分别设正方体的棱长为 a、球的半径为 R、圆柱的高为 h 和底面半径为 r,根据三者的体积相等,得到 a,R,h,r 满足的关系式,然后再比较三者的表面积,计算过程较为繁琐,而且这样的数学计算难以洞察该问题的本质,不如物理模型的解释来得简捷、深刻.

极值问题是实现数理结合的最有效载体,很多涉及极值的问题,往往都有物理和数学两种解决方案.其中,物理方法强调最终结果和状态,重点研究临界值,解答过程较为简洁,且有明确的实际意义;而数学方法的解答过程较为繁琐,但更能够反映事物变化的整个过程.体会物理方法与数学方法的异同,对多种解法进行比较,可以开拓思维视野、明确问题的本质.

例 3:如图 1-2,由 A 城运货到 B 城,先走一段水路 AD,再走一段公路 DB,已知水路运费是公路运费的一半,$AC = 40\text{ km}$,$BC = 30\text{ km}$,问码头 D 应建在何处才能使运费最省?

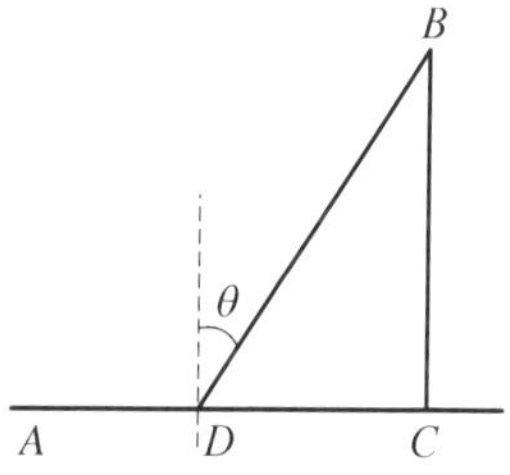

解:(数学方法)设变量,建立目标函数,求函数最值.

方法①:设 $AD = x$,则易知 $DB = \sqrt{30^2 + (40-x)^2}$,接着利用导数知识求 $y = \frac{1}{2}x + \sqrt{30^2 + (40-x)^2}$ 的最值,下略.

图 1-2

方法②:设 $\angle BDC = \alpha$,则 $DB = \frac{30}{\sin\alpha}$,$DC = \frac{30}{\tan\alpha}$,$AD = 40 - \frac{30}{\tan\alpha}$,接着可以利用辅助角公式求 $y = \frac{1}{2}\left(40 - \frac{30}{\tan\alpha}\right) + \frac{30}{\sin\alpha} = 20 + 15 \cdot \frac{2-\cos\alpha}{\sin\alpha}$ 的最值,下略.

(物理方法)利用物理学中光的全反射知识.

设上方折射率(水路运费)为 n_1,下方折射率(陆路运费)为 n_2,设光从 B 入射到 D 的入射角为 θ 时,对应的折射角为 $90°$(先走一段水路 AD,再走一段公路 DB). 由费马原理知,此时光传播的路程最短(运费最省). 由光的全反射条件得 $\sin\theta = \dfrac{n_1}{n_2} = \dfrac{1}{2}$,解得 $\theta = 30°$. 如图 1-2,$CD = BC\tan 30°$,代值计算得 $CD = 10\sqrt{3}$,$AD = AC - CD = 40 - 10\sqrt{3} \approx 22.68$.

因此,把码头 D 建在距 A 城约 22.68 km 的地方运费最省.

由例 3 不难发现,数学方法的关键是建立目标函数,反映出了由于变量变化而导致函数值变化的整个过程和趋势;而物理方法只研究临界状态(全反射条件),计算简洁明快.

3. 注重文史内容的数学解读

数学与理科的内在联系很多,与文史学科的相通之处也不少. 比如,《诗经》中的"赋比兴"修辞手法与数学中的"类比"思想方法相通,诗词中的"对仗"与数学中的"对称"都体现了一种"变化中的不变性". 在"高中数学欣赏"教学中,注重人文意境的数学解读或者用数学素材创作文学作品,都可以帮助同学们(尤其是擅长文史学科的同学)在文理交融中提升对数学的兴趣,增进对数学的理解. 诗歌作为短小灵活、审美价值较高的文学体裁,可以作为文理沟通的主要载体.

一方面,我们可以对诗歌(尤其是古典诗词)进行数学解读. 比如,南唐后主李煜的《浪淘沙·怀旧》中有句"别时容易见时难",与之相对应的数学解读是:代数式的展开容易,但是因式分解往往比较困难,密码构造的基本原理就是利用质因数分解的困难. 唐朝诗人白居易的《卖炭翁》中有句"可怜身上衣正单,心忧炭贱愿天寒",与之相对应的数学解读是:在矛盾中(一定条件下)寻求最优解(所谓的"优化"). 耳熟能详的诗句和数学模型看起来毫不相干,但是用数学的眼光去欣赏诗词的精美,用数学的"实"和诗歌的"虚"在意境上相连,则别有一番情趣.

例 4:唐朝诗人王之涣在《登鹳雀楼》中有诗句"欲穷千里目,更上一层楼",从数学角度解读,可以通过建立数学模型分析"欲能看到千里远,到底需登几层楼".

如图 1-3,将地球看成球体,半径 $R = OA = 6\,370$ km. 视线 PA 与大圆 O 相切,有 $OA \perp PA$, $PA = 1\,000$ 里 $= 500$ km. 设楼高 $PB = x$ km,在 Rt$\triangle AOP$ 中由勾股定理得 $(x+6\,370)^2 = 6\,370^2 + 500^2$,得 $x = 19.59$ (km). 若每层楼按 3.3 m 计算,则楼的层数为 $19\,593 \div 3.3 = 5\,937$ 层,所以"欲穷千里目,更上 5 937 层楼"才行.

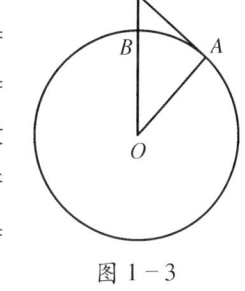

图 1-3

另一方面,以数学概念及其内涵作为诗歌的素材,形成的所谓"数学诗歌",也是数学与文学交汇的一种形式,可以增加学习内容的趣味性.

比如,英国著名形而上学诗人安德鲁·马佛尔(Andrew Marvell,1621~1678)善于通过圆规、欧氏几何中的平行线之类的数学概念来类比爱情.他在一首经典的数学诗歌《爱的定义》中写道:"象直线一样,爱也是倾斜的/它们自己能够相交在每个角度/但我们的爱确实是平行的/尽管无限,却永不相遇".

又如,台湾理想和反抗诗人曹开(1929—1997,自号"小数点")善于将数学元素注入诗中,起到用日常词汇难以表达的效果.他在数学诗《不同的运算》中写道:

你们选择了"无穷大"/我挑选了"小数点"/

你们顽守虚根/我拥护真数/

你们争相"加减乘除"/不休止地互套括弧/

而我按公理整合矛盾方程式/冷静地自我因式分解

这首诗中的数学元素,非但没有破坏诗的意境,反而更好地表达了诗人关于渺小的存在感叹.

拓展阅读与练习

1. 数学歌词欣赏.

悲伤的双曲线

如果我是双曲线 / 你就是那渐近线 /

如果我是反比例函数／你就是那坐标轴／

虽然我们有缘／能够生在同一个平面／

然而我们又无缘／慢慢长路无交点／

为何看不见／等式成立要条件／

难到正如书上说的／无限接近不能达到／为何看不见／

明月也有阴晴圆缺／此事古难全／但愿千里共婵娟／

这首《悲伤的双曲线》,是 2006 年大学校园流行歌曲.歌词作者王渊超毕业于上海外国语大学,他掌握的数学知识并不多,却能匠心独具,准确地把握双曲线的特殊的位置关系,巧妙地运用诗的表现手法,创作出了风靡一时的流行歌曲.

2. 数学在生物中的应用举例.

人类的白化病是常染色体上隐性基因(a)致病,下面(图 1-4)是两个家系的遗传图谱:(方块、圆圈分别表示男、女;涂黑表示白化病患者,即其基因型为 aa.)

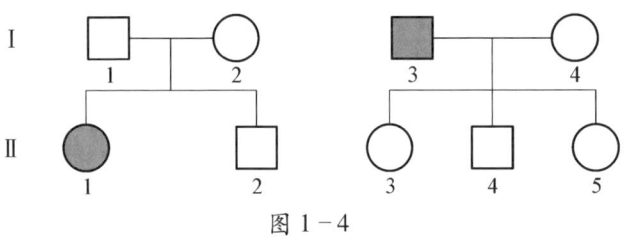

图 1-4

如果 II_2 和 II_3 婚配,求生两个孩子表现型都正常的概率.

解:由于 II_1 的基因型为 aa,故 I_1、I_2 都带有基因 a,而他们表现型正常,故 I_1、I_2 的基因型均为 Aa.同理,I_3 的基因型为 aa,故 II_3 带有基因 a,而其表现型正常,故 II_3 的基因型为 Aa.

II_2 的基因型可能是 AA 或 Aa,记 A 为事件"两个孩子表现型都正常",B_1 为事件"II_2 的基因型是 AA",B_2 为事件"II_2 的基因型是 Aa",则 $P(B_1) = \dfrac{1}{3}$,$P(B_2) = \dfrac{2}{3}$.在 II_2 的基因型确定的情况下,第二个孩子表现型正常与第一

个孩子表现型正常是相互独立的,因此有

$P(A|B_1) = 1 \times 1 = 1$,$P(A|B_2) = \dfrac{3}{4} \times \dfrac{3}{4} = \dfrac{9}{16}$,根据全概率公式得

$$P(A) = P(B_1)P(A|B_1) + P(B_2)P(A|B_2) = \dfrac{1}{3} \times 1 + \dfrac{2}{3} \times \dfrac{9}{16} = \dfrac{17}{24}.$$

所以,生两个孩子表现型都正常的概率为$\dfrac{17}{24}$.

第 2 讲　对数：延长寿命的数学

16、17 世纪之交，自然科学（特别是天文学）的研究中经常遇到大量精密而庞大的数值计算，改进数字计算方法成为当务之急. 对数的发明"以缩短计算时间的方式延长了天文学家的寿命"（法国数学家拉普拉斯语），因而成了"17 世纪数学的三大成就"（恩格斯语）之一（另两项分别为解析几何的发明和微积分的发明）. 对数概念的产生和发展的过程，体现了数学抽象的层次性，而数学抽象使得数学概念具有了一般性，更易于表达研究对象的内在关系和规律.

欣赏对数，可以从历史活动的视角认识对数概念如何产生和发展，从逻辑体系的视角围绕对数概念构建相关的知识网络，从实际应用的视角介绍对数概念所体现的工具理性. 紧紧围绕对数概念，统整相关的数学素材，挖掘本源性问题，经历完整的数学思考过程，挖掘隐藏在核心概念背后的思想方法.

1. 对数概念的产生和发展

对数概念的原创思想主要归功于纳皮尔. 苏格兰数学家纳皮尔（J. Napier，1550—1617）在天文学研究中，为了寻求球面三角计算的简便方法，利用与质点运动有关的几何方法构造出对数. 其核心思想表现为算术数列与几何数列（即等差数列与等比数列)之间的对应,由于该几何方法具有较强的技巧性,此处略去具体内容.

现在我们已经无法知道纳皮尔开始时是如何想到这一发明的,一种普遍的猜测是:由于他精通三角学,对积化和差公式 $\cos A\cos B = \frac{1}{2}[\cos(A+B)+\cos(A-B)]$ 非常熟悉.两个三角函数的乘积用其他三角函数的和、差表示出来,而加减运算比乘除运算简单得多,这种积化和差公式提供了原始的运算优化方法,或许就是这种三角恒等式激发了纳皮尔的灵感.

1614 年,纳皮尔在《论述对数的奇迹》中阐述了对数原理,后人将其称为纳皮尔对数,记为 Nap.log x,它与我们现在熟知的自然对数的关系为 Nap.log $x = 10^7 \ln\left(\dfrac{10^7}{x}\right)$.

对数概念的完善主要归功于布里格斯.英国数学家布里格斯(H. Briggs,1561—1631)感到纳皮尔对数使用起来不方便,于是与纳皮尔商定,使 1 的对数为 0,10 的对数为 1,这样就得到了我们现在熟知的常用对数,它在十进制的数值计算上具有极大的优越性.1624 年,布里格斯出版了《对数算术》,公布了以 10 为底、包含 1~20 000 及 90 000~100 000 的 14 位常用对数表.

17 世纪的国际贸易空前发展,这就涉及大量的资金结算,典型的问题就是计算复利.比如本金 P、年利率为 r、一年结算 n 次(可以分别按 1 年、半年、1 月、1 周、1 日结算一次),则 1 年后的本利和(按照复利计算)为 $S = P\left(1+\dfrac{r}{n}\right)^n$.为了简便起见,取 $P=1$,$r=1$,则需要计算 $\left(1+\dfrac{1}{n}\right)^n$ 的值.随着 n 的增加,$\left(1+\dfrac{1}{n}\right)^n$ 的值在增加,但是对结果的影响越来越小,记 $\lim\limits_{n\to\infty}\left(1+\dfrac{1}{n}\right)^n = e$.现在已经无法知道,第一次使用 e 来表示 $\lim\limits_{n\to\infty}\left(1+\dfrac{1}{n}\right)^n$ 的确切时间,最迟在 1618 年英国数学家爱德

华·赖特(Edward Wright,1560—1615)在纳皮尔的《论述对数的奇迹》翻译版中就已经出现了.

自然对数的发现则跟圆锥曲线的求面积问题相关,虽然在古希腊时期阿基米德等人就已经会计算抛物线弓形的面积,但直到17世纪费马的时代,才有了圆锥曲线求面积问题一般公式,只有双曲线 $y = \dfrac{1}{x}$ 除外. 考虑 $y = \dfrac{1}{x}$ 与直线 $x = a$、$x = b(a < b)$、x 轴所围成的图形的面积,乔治·圣·文森特(Gregoire de Saint-Vincent,1584—1667)发现该图形的面积与水平距离 $b-a$ 的对数成比例,这是人们第一次运用对数函数. 后来人们才发现这个对数的底数正是上面提到的 $e \approx 2.71828$.

现行高中数学教材是以指数的逆运算来定义对数的. 事实上,纳皮尔讨论对数概念时尚无分数指数幂、无理数指数幂的概念,直到1637年笛卡尔才开始用符号 a^n 表述正整数指数幂,直到18世纪初牛顿才将幂 a^x 中的指数 x 推广到任意实数. 后来,欧拉发现了指数与对数的互逆关系,并用指数的逆运算来定义对数,由于从逻辑上说指数概念更容易为人们所理解,因而欧拉关于对数的这种见解很快被人们所接受并流传至今.

从产生和发展的历史来看,很多数学概念都经历了漫长的由"火热的思考"到"冰冷的美丽"的演变过程. 对数概念的萌芽(纳皮尔对数)、完善(常用对数、自然对数)、统一(指数的逆运算)正是数学概念由技巧到通法、从特殊到一般不断抽象的完整过程. 而教材中呈现的对数概念则是数学抽象的最终形态,是用严格形式化代替非形式化、用逻辑整理历史的结果. 欣赏对数概念,自然要欣赏其"前世"和"今生".

2. 对数概念的基本思想

对数发明时的原始思想是受等差数列与等比数列的对应关系的启发,试图将乘、除运算简化为加、减运算. 在这个基本思想的指引下,对数与指数这对互逆运算将数列、方程、不等式等不同知识点在运算的视角下串联成具有内在逻辑联系的整体. 在运用指数和对数的运算律进行运算的过程中,既能体会对数概念的基本思想,也能提升数学运算能力,从而感悟数学"推理与运算"使得数学结论具有了严谨性,更加可靠、精确.

指数和对数运算不仅是高中数学学习的基本任务,而且是串联高中代数内容的一条逻辑暗线. 对数在等差数列与等比数列的类比、乘(除)法不等式向加(减)法不等式的转化等问题中体现了其独特的方法论价值.

例 1:若 $\{a_n\}$ 是等差数列,m,n,p 是互不相等的正整数,则有正确的结论:$(m-n)a_p + (n-p)a_m + (p-m)a_n = 0$,类比上述性质,相应地,若 $\{b_n\}$ 是等比数列,m,n,p 是互不相等的正整数,则有正确的结论:_____.

从概念的名称可知,研究数列的基本手段是运算:由减(除)法运算发现"差(比)相等",于是有"等差(比)数列". 研究了等差(比)数列之后,可以从运算的角度类比研究等比(差)数列:若 $\{b_n\}$ 为等差数列,则 $\{a^{b_n}\}$(常数 $a>0$)为等比数列;若正项数列 $\{b_n\}$ 为等比数列,则 $\{\log_a b_n\}$(常数 $a>0$ 且 $a\neq 1$)为等差数列.

方法 1:设 $a_n = \log_a b_n$,则 $\{a_n\}$ 是等差数列,则
$(m-n)a_p + (n-p)a_m + (p-m)a_n = 0$,代换得
$(m-n)\log_a b_p + (n-p)\log_a b_m + (p-m)\log_a b_n = 0$,由对数运算律得
$$b_p^{m-n} \cdot b_m^{n-p} \cdot b_n^{p-m} = 1.$$

方法 2:不妨设 $b_n = a^{a_n}$,则 $\{a_n\}$ 是等差数列,
$(m-n)a_p + (n-p)a_m + (p-m)a_n = 0$,两边同取以 a 为底的指数,得
$a^{(m-n)a_p + (n-p)a_m + (p-m)a_n} = a^0$,代换得 $b_p^{m-n} \cdot b_m^{n-p} \cdot b_n^{p-m} = 1$.

例 2:设 x,y 为实数,满足 $3 \leq xy^2 \leq 8$,$4 \leq \dfrac{x^2}{y} \leq 9$,则 $\dfrac{x^3}{y^4}$ 的最大值是_____.

由对数的运算性质可知,通过取对数的手段可以将乘、除运算变成加、减运算(将乘方、开方运算变成乘、除运算).

方法 1:由题意知 x,y 为正实数,故条件等价于

$\lg 3 \leqslant \lg x + 2\lg y \leqslant 3\lg 2, 2\lg 2 \leqslant 2\lg x - \lg y \leqslant 2\lg 3$,问题转化为求 $\lg \dfrac{x^3}{y^4} = 3\lg x - 4\lg y$ 的最大值,这样原问题就转化为一个线性规划问题. 除了用线性规划中数形结合的方法之外,还可以考虑用待定系数法将目标函数转化为 $\lg x + 2\lg y, 2\lg x - \lg y$ 的线性组合,再用不等式加法的同向不等式解决.

方法 2:如果洞悉了对数"化乘、除运算为加、减运算"的本质,那么就无须将问题转化为线性规划问题,而可以直接运用待定系数法将 $\dfrac{x^3}{y^4}$ 转化为 $xy^2, \dfrac{x^2}{y}$ 的幂的积,再用(正数)不等式乘法的同向不等式解决. 即:

设 $\dfrac{x^3}{y^4} = (xy^2)^m \left(\dfrac{x^2}{y}\right)^n = x^{m+2n} y^{2m-n}$,则有 $\begin{cases} m + 2n = 3 \\ 2m - n = -4 \end{cases}$,解得 $\begin{cases} m = -1 \\ n = 2 \end{cases}$. 由 $3 \leqslant xy^2 \leqslant 8, 4 \leqslant \dfrac{x^2}{y} \leqslant 9$,得 $\dfrac{1}{8} \leqslant (xy^2)^{-1} \leqslant \dfrac{1}{3}, 16 \leqslant \left(\dfrac{x^2}{y}\right)^2 \leqslant 81$,从而 $2 \leqslant \dfrac{x^3}{y^4} \leqslant 27$.

3. 对数概念的实际运用

数学模型就是"数学的语言",通过数学建模可以研究对象的性质、关系和规律. 利用对数建立相关数学模型,在大数据时代越来越重要. 就增长速度而言,指数函数最快(指数爆炸)、幂函数其次、对数函数最慢. 如果增长太快,就要慢下来. 对数的这项功能在地震震级的表示、视力的测量(标准对数视力表)等实际问题中都有广泛的应用. 而对信息进行度量(量化)则是对数概念在信息时代的新的重要贡献.

1948 年,克劳德·香农创立了数学信息论,用"$\log_2$"来刻画信息量的概念. 比如,如何定义一个古代烽火台传递的信息量呢? 事实上,它传递两种信息:燃起烽火意味着敌人来(用 1 表示),不燃烽火则表示敌人没来(用 0 表示). 在敌人来与不来的可能性一样的前提下,一个烽火台传递一个单位(比特)的信息量,数学上的表示就是 $\log_2 2 = 1$. 如果东面、南面各设置了一个烽火台,这时的信息状态有 $(0,0)$、$(0,1)$、$(1,0)$、$(1,1)$ 四种情况,其中第一个、第二个坐标分别表示东面、南面敌人来否的状态. 这样四种状态传递的信息量为 2 比特,用数学符号表示就是 $\log_2 4 = 2$. 于是,看不见、摸不着的信息就变得可以度量了.

香农还天才地分析了信息量的大小和该信息发生的概率有关,提出了信息熵的概念. 例如,为博美人一笑,有事无事天天燃烽火,那烽火台传递的信息量就小得多.

例 3:如果一条信息有 $n(n > 1, n \in \mathbf{N})$ 种可能的情形(它们之间互不相容),且这些情形发生的概率分别为 $p_1, p_2, \cdots, p_n$,则称 $H = f(p_1) + f(p_2) + \cdots + f(p_n)$(其中 $f(x) = -x\log_a x, x \in (0,1)$)为该条信息的信息熵. 已知 $f\left(\dfrac{1}{2}\right) = \dfrac{1}{2}$.

(1) 若某班共有 32 名学生,通过随机抽签的方式选一名学生参加某项活动,试求"谁被选中"的信息熵的大小;

(2) 若某次比赛共有 n 位选手(分别记为 $A_1, A_2, \cdots, A_n$)参加,选手 A_k($k = 1, 2, \cdots, n-1$)获得冠军的概率为 2^{-k},求"谁获得冠军"的信息熵 H 关于 n 的表达式.

解:(1) 由 $f\left(\dfrac{1}{2}\right) = \dfrac{1}{2}$,可得 $-\dfrac{1}{2}\log_a \dfrac{1}{2} = \dfrac{1}{2}$,解得 $a = 2$. 由 32 种情形等可能,故 $P_k = \dfrac{1}{32}$($k = 1, 2, \cdots, 32$),所以 $H = 32 \times \left(-\dfrac{1}{32}\log_2 \dfrac{1}{32}\right) = 5$,即"谁被选中"的信息熵为 5.

(2) A_n 获得冠军的概率为

$$1 - \left(\dfrac{1}{2} + \dfrac{1}{4} + \cdots + \dfrac{1}{2^{n-1}}\right) = 1 - \left(1 - \dfrac{1}{2^{n-1}}\right) = \dfrac{1}{2^{n-1}},$$

当 $k = 1, 2, \cdots, n-1$ 时,$f(p_k) = -2^{-k}\log_2 2^{-k} = \dfrac{k}{2^k}$,又 $f(p_n) = \dfrac{n-1}{2^{n-1}}$,

故 $H = \dfrac{1}{2} + \dfrac{2}{4} + \dfrac{3}{8} + \cdots + \dfrac{n-1}{2^{n-1}} + \dfrac{n-1}{2^{n-1}}$,

$\dfrac{1}{2}H = \dfrac{1}{4} + \dfrac{2}{8} + \cdots + \dfrac{n-2}{2^{n-1}} + \dfrac{n-1}{2^n} + \dfrac{n-1}{2^n}$,

以上两式相减，可得 $\dfrac{1}{2}H = \dfrac{1}{2} + \dfrac{1}{4} + \dfrac{1}{8} + \cdots + \dfrac{1}{2^{n-1}} = 1 - \dfrac{1}{2^n}$，故 $H = 2 - \dfrac{4}{2^n}$，即"谁获得冠军"的信息熵为 $2 - \dfrac{4}{2^n}$.

上面既有西方现代数学中量化信息量的建模，也有中华传统文化中的"烽火戏诸侯"的典故（其实，这里也可以提及"周易八卦"），还有基于信息量、信息熵概念编拟的应用题，促进西方数学与中华文化的交流与整合，同时利用数学模型解决实际问题，是"数学欣赏"课程的一项重要议题.

拓展阅读与练习：

1. 标准对数视力表.

人们很早就知道"当感觉器官受到的刺激强度加大时感觉强度也会加大"的生理现象，之后经过 Weber 和 Fechner 等人的研究，得知感觉差异 ΔE 和刺激强度增加值 ΔR 相对于原来刺激强度 R 成正比，也就是说 $\Delta E = k\dfrac{\Delta R}{R}$，其中 k 为参数. 对 $\Delta E = k\dfrac{\Delta R}{R}$ 积分就有 $E = k'\lg R + m$，其中 m 为常数. 这就是被广泛认同的 Weber - Fechner 心理物理学定律，即感觉与刺激强度的对数成正比. 1956年，我国眼科学家缪天荣据此认为如果把它应用到视力检测上面，将 E 理解为感觉（视力）、R 理解为刺激（视角）的话，那么也就是说视力 V 与视角 α 的对数成比例，即可以将视力 V 定义为 $V = \lg \alpha$.

我们接着来了解两个简单的概念——视标、视角. 在临床上人们把测定视力用的图标叫做视标（如图 2-1 中标有长度比例的正方形 "E"），而把视标的某一笔画两边近似看做两点(如图 2-2 中的 A、B),这两点在标准检查距离 $d = 5\text{ m}$ 后的眼结点 N 处所形成的夹角称为视角 α(单位:分). 假设视标的每一笔画宽度为 x(视标边长为 $5x$),如果把这两点和结点近似看做一段圆弧,那么根据角度和弧度的转换关系及弧长公式有 $x \approx 0.000\,290\,88d\alpha$.

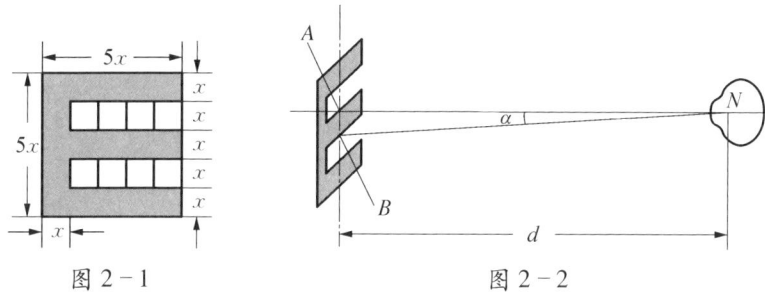

图 2-1　　　　　　图 2-2

为了研制视力表时便于对数计算,我们需要设计恰当的视角. 考虑到各项及公比都大于 0 的等比数列取对数后成等差数列,可以取下表中第 1 列数据作为制作视力表的特殊视角,这样一来,我们就可很快计算出视角对数(视力)、视标边长、视标增率以及对应的国际小数视力.

视角(分)	视角对数	视标边长(mm)	视标增率	小数视力	负视角对数	五分记数法	小数视力近似
$10^{1.0}$	1	72.722 0		0.100 0	-1	4.0	0.10
$10^{0.9}$	0.9	57.765 1	1.258 9	0.125 9	-0.9	4.1	0.12
$10^{0.8}$	0.8	45.884 5	1.258 9	0.158 5	-0.8	4.2	0.15
$10^{0.7}$	0.7	36.447 3	1.258 9	0.199 5	-0.7	4.3	0.2
$10^{0.6}$	0.6	28.951 1	1.258 9	0.251 2	-0.6	4.4	0.25
$10^{0.5}$	0.5	22.996 7	1.258 9	0.316 2	-0.5	4.5	0.3
$10^{0.4}$	0.4	18.266 9	1.258 9	0.398 1	-0.4	4.6	0.4
$10^{0.3}$	0.3	14.509 9	1.258 9	0.501 2	-0.3	4.7	0.5
$10^{0.2}$	0.2	11.525 7	1.258 9	0.631 0	-0.2	4.8	0.6
$10^{0.1}$	0.1	9.155 2	1.258 9	0.794 3	-0.1	4.9	0.8
$10^{0.0}$	0	7.272 2	1.258 9	1.000 0	0	5.0	1.0

续　表

视角 (分)	视角 对数	视标边长 (mm)	视标 增率	小数 视力	负视角 对数	五分记 数法	小数视力 近似
$10^{-0.1}$	-0.1	5.7765	1.2589	1.2589	0.1	5.1	1.2
$10^{-0.2}$	-0.2	4.5884	1.2589	1.5849	0.2	5.2	1.5
$10^{-0.3}$	-0.3	3.6447	1.2589	1.9953	0.3	5.3	2.0

这样设计以后,我们就会发现:视角变化虽然没有规律,但视角的对数(视力)很有规律;视标边长虽然没有规律,但视标增率很有规律,根据每隔10行视标长度增加10倍计算出这个等比数列的公比为$\sqrt[10]{10} \approx 1.2589$,这不仅给人一种规律性的美感,而且方便视力记录和统计;满足 Weber-Fechner 心理物理学定律;等等,但这样处理以后视角大的反而视力也好,不合习惯. 这个问题只要取视角对数的相反数作为视力就可解决,但负数不易为公众理解和接受,考虑到国际标准的正常视力为1.0时的对数视力为0,以及人类视力中有5个大的视力等级,缪天荣将所得的视角负对数都加上5,即定义$V = 5 - \lg \alpha$,这样便得到以4.0为首项、5.3为末项且以0.1为公差的5分记数对数视力,为了兼顾人们对国际小数视力表的习惯,他将相应视角对应的小数视力进行了近似处理并加上了对应标注. 因为这样设计使用了以对数处理为核心的五分记法,所以该视力表被命名为《标准对数视力表》.

2. 已知等比数列$\{a_n\}$满足$a_1 \in (0,1), a_2 \in (1,2), a_3 \in (2,4)$,求$a_4$的取值范围.

解:设公比为q,显然$q > 0$,则由题意可知$\begin{cases} 0 < a_1 < 1, \\ 1 < a_1 q < 2, \\ 2 < a_1 q^2 < 4, \end{cases}$取对数,

$\begin{cases} \log_2 a_1 < 0, \\ 0 < \log_2 a_1 + \log_2 q < 1, \\ 1 < \log_2 a_1 + 2\log_2 q < 2. \end{cases}$ 记$x = \log_2 a_1, y = \log_2 q$,则$\begin{cases} x < 0, \\ 0 < x + y < 1, \\ 1 < x + 2y < 2, \end{cases}$

而$a_4 = a_1 q^3 \Leftrightarrow \log_2 a_4 = \log_2 a_1 + 3\log_2 q = x + 3y$,问题转化为求目标函数$x + 3y$的

取值范围.

如图 2-3,求得可行域顶点的坐标分别为 $A(-1,1)$,$B(-2,2)$,$C(0,1)$,$D\left(0,\dfrac{1}{2}\right)$,代入得 $x+3y\in\left(\dfrac{3}{2},4\right)$,所以 $a_4=2^{x+3y}\in(2\sqrt{2},16)$.

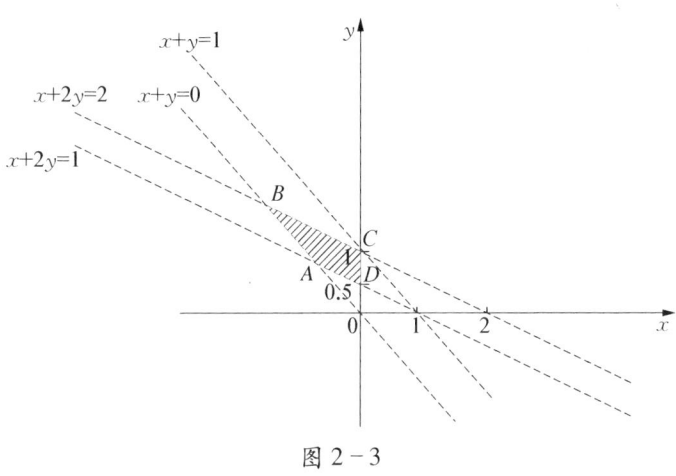

图 2-3

3. 根据有关资料,围棋复杂度的上限约为 $M=3^{361}$,可观测宇宙中普通物质的原子总数约为 $N=10^{80}$. 甲、乙两个同学都估算了 $\dfrac{M}{N}$ 的近似值,甲认为是 10^{73},乙认为是 10^{93}.

现有两种定义:

(1) 若实数 x,y 满足 $|x-m|>|y-m|$,则称 y 比 x 接近 m.

(2) 若实数 x,y,m 且 $x=10^s$,$y=10^t$,$m=10^u$,满足 $|s-u|>|t-u|$,则称 y 比 x 接近 m.

请你任选取其中一种定义来判断哪个同学的近似值更接近 $\dfrac{M}{N}$,并说明理由.

解:采用定义(1):$\dfrac{M}{N}=\dfrac{3^{361}}{10^{80}}\Rightarrow\lg\dfrac{M}{N}=361\cdot\lg 3-80\approx 92.24\Rightarrow 10^{73}<\dfrac{M}{N}<10^{93}$,而 $\lg(2\cdot 3^{361})=\lg 2+361\cdot\lg 3\approx 172.54<173=\lg 10^{173}$

$\Rightarrow 2 \cdot 3^{361} < 10^{173} \Rightarrow 2 \cdot 3^{361} < 10^{173} + 10^{153} \Rightarrow 2 \cdot \dfrac{3^{361}}{10^{80}} < 10^{93} + 10^{73}$

$\Rightarrow \left| \dfrac{3^{361}}{10^{80}} - 10^{73} \right| < \left| 10^{93} - \dfrac{3^{361}}{10^{80}} \right|,$

所以甲同学的近似值更接近 $\dfrac{M}{N}$.

采用定义(2): $\dfrac{M}{N} = \dfrac{3^{361}}{10^{80}} \Rightarrow \lg \dfrac{M}{N} = 361 \cdot \lg 3 - 80 \approx 92.24,$

甲的估值 $10^{73} \Rightarrow \lg 10^{73} = 73,$ 乙的估值 $10^{93} \Rightarrow \lg 10^{93} = 93,$

因为 $\left| \lg 10^{73} - \lg \dfrac{M}{N} \right| > \left| \lg 10^{93} - \lg \dfrac{M}{N} \right|$, 所以乙同学的近似值更接近 $\dfrac{M}{N}$.

第3讲 方程：在还原与对消中寻找不变量

数学大师陈省身先生一再提倡做"好的数学"，并且指出"方程是好的数学". 方程思想，是人类数学文明的奇葩. 在人类四大文明（古埃及文明、古巴比伦文明、古印度文明以及中华文明）里，就有解方程的记载——从一次方程、高次方程、线性方程组直至高次方程组. 可以说，大自然的规律是用方程写成的. 今日之世界文明，如发动机与热力学方程，飞机与空气动力学方程，手机与电磁学方程，物理世界与爱因斯坦方程，都以"方程"为基础.

作为高中生，现在我们能够解的方程实在太少，好像一座高高的山峰我们只爬上了一点点. 本讲我们将立足于梳理中学数学中有关方程的知识，对方程问题中所体现的数学理性意蕴和人文意境做些赏析.

1. 方程概念的内涵

对象的特点或本质反映在概念中，就构成了概念的内涵. 明确概念首先要揭示概念的内涵，其常用的方法是下定义. 对方程内涵的欣赏，不能停留在背诵"含有未知数的等式"这样的结论性层面，而应上升到理解"如何从已知出发，通过某一种关系去寻求未知"这样的方法论高度. 方程的本质是为了求未知数而在未知数和已知数之间建立起来的一种等式关系.也就是说,学习方程目的是求未知数,方法是"拉关系",具体策略是通过等式变换进行还原和对消.

"代数"一词源于公元9世纪阿拉伯数学家花拉子米的著作名,其原意是"还原和对消的科学",而当时研究的主要问题就是解方程.因此,追根溯源,方程方法的本质是基于"式"的运算,在还原与对消中寻找不变量:方程的根是一系列"同解变换"下的不变量,解方程时的移项及其他变形都必须保持"根"不变.

2. 方程概念的外延

被概念所反映的一个个、一类类对象,就成为概念的外延.明确概念其次要揭示概念的外延,其常用方法是作划分.方程概念在发展过程中产生了诸多表现形式,从一次方程(组)、高次方程(组)、分式方程(组)直至微分方程(组)等等.高中"数学欣赏"活动中,可以从"线性"这个角度对方程概念作划分.所谓"线性",本来是指未知数都是一次的,几何形象是直线、平面等平直展延的数学对象.向量结构出现之后,凡是建立在"加减"和"数乘"两种运算之上的数学科目,都称为线性数学.当下的高中数学,除去排列组合等少数内容之后,可以分成线性数学和非线性数学两大部分.线性数学包括线性方程组、解析几何中的直线方程、线性规划、立体几何中的直线和平面、复数、三角与向量的关系;非线性数学包括二次方程、二次函数、二次曲线、对数与指数、数列.

2.1 线性方程(组)的实际运用

线性方程(组)是方程概念的重要外延.线性方程(组)在工程等实际问题中应用广泛,很多问题都能转化为求解线性方程(组)(或者近似解).在解线性方程组基础上生成的线性代数,成了许多数学问题得以解决的必备工具.欣赏线性方程(组),可以从线性方程(组)的实际运用入手,在看似没有数学的地方构建数学模型,感受数学思维之深刻.

例1:上海和平饭店的一位电工在工作中发现在地下室控制10层以上房间空调的温度不准.分析之后,原来是使用三相电时,连接地下室和空调器的三根导线的长度不同,因而电阻也不同.剩下的问题是:如何测量这三根电线的电阻?

用电工万用表无法量这样长的电线的电阻.于是这位电工想到了数学:一根一根测很难,但是把三根导线在高楼上两两相连接,然后在地下室测量"两根电线"的电阻是很容易的.

如图3-1,设三根导线的电阻分别是x、y、z,根据测量结果,列出三元一次方程组 $\begin{cases} x+y=a, \\ y+z=b, \\ z+x=c, \end{cases}$ 解之即得三根导线的电阻.

例1中的方程组谁都会解,但是具有应用联立方程的意识和眼光是难得的.

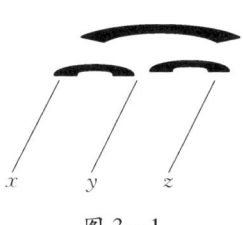

图3-1

2.2 一元二次方程根的分布

一元二次方程也是方程概念的重要外延.一元二次方程是中学阶段最重要的方程模型,从初中到高中围绕方程的根、方程的系数,问题难度不断加大,通过变式逐渐形成"一元二次方程"的知识网.常见的问题变式途径有:从数字系数到字母系数(即含有参数);从简单求根到讨论根的分布状况;从正面求根到利用韦达定理研究根的性质.含有参数的一元二次方程根的分布问题综合了以上几种变式途径,是高中数学的常见题型,而利用韦达定理、利用二次函数图象则是处理此类问题的主要思路.欣赏一元二次方程,可以从一元二次方程根的分布问题入手,分析比较各种解法,尝试多解归一,从而加深对问题本质的认识,构建方法之间的本质联系.

例2:关于x的二次方程$7x^2-(a+13)x+(a^2-a-2)=0$的两个实根均大于1,求实数a的取值范围.

解法1:设方程两根为x_1,x_2,则有

$$\begin{cases} \Delta = (a+13)^2 - 28(a^2-a-2) \geq 0, \\ x_1 - 1 + x_2 - 1 = \dfrac{a+13}{7} - 2 > 0, \\ (x_1-1)(x_2-1) = \dfrac{a^2-a-2}{7} - \dfrac{a+13}{7} + 1 > 0, \end{cases}$$ 整理得

$$\begin{cases} \dfrac{3-2\sqrt{21}}{3} \leq a \leq \dfrac{3+2\sqrt{21}}{3}, \\ a > 1, \\ a > 4 \text{ 或 } a < -2, \end{cases}$$ 解得 $4 < a \leq \dfrac{3+2\sqrt{21}}{3}$.

解法 2：记 $f(x) = 7x^2 - (a+13)x + (a^2 - a - 2)$，则有

$$\begin{cases} \Delta = (a+13)^2 - 28(a^2-a-2) \geq 0 \\ \dfrac{a+13}{14} > 1 \\ f(1) = 7 - (a+13) + a^2 - a - 2 > 0 \end{cases} \cdots$$

解法比较 分别比较上述两种解法的三个式子：显然，第一个式子完全相同；$x_1 - 1 + x_2 - 1 > 0 \Leftrightarrow \dfrac{x_1+x_2}{2} > 1 \Leftrightarrow \dfrac{a+13}{14} > 1$，因此第二个式子是等价的；$f(x) = 7(x-x_1)(x-x_2)$，所以 $(x_1-1)(x_2-1) > 0 \Leftrightarrow 7(1-x_1)(1-x_2) > 0 \Leftrightarrow f(1) > 0$，因此第三个式子也是等价的. 综上，这两种解法本质上是完全一致的.

例 2 的两种解法中，韦达定理意味深长，函数方程思想更是高中数学的一条主线.

3. 方程概念的网络

从概念之间的关系来看，内涵（定义）通常涉及概念的上位概念（等式是方程的上位概念），外延（划分）通常涉及概念的下位概念（线性方程、一元二次方程等是方程的下位概念）. 明确概念还要揭示其他相关概念之间的联系，建构概

念的网络.在研究方程解的过程中,可以将方程与函数、零点存在定理、二分法、韦达定理等概念、结论和思想方法建立自然的联系,构建起围绕方程的概念、结论和思想方法的网络,使相关的内容成为一个有机整体,促进数学理解.构建围绕方程的知识网络,逻辑主线是:利用函数思想求方程的根——如果不能直接求方程的根,先利用零点存在定理判断方程根的存在性——对于不易求解的方程,再利用二分法求方程的近似解,或利用推广的韦达定理研究根的性质.

3.1 求方程的根

一般说来,函数是动态的,可以观察变化趋势;方程是静态的,适合研究根的性质.利用函数研究方程是以动制静,用函数的观点看方程往往更深刻.

例3:解方程 $3^x + 4^x = 5^x$.

解:设 $f(x) = \left(\dfrac{3}{5}\right)^x + \left(\dfrac{4}{5}\right)^x$,则 $f(x)$ 单调递减,而 $f(2) = 1$,故方程 $f(x) = 1$ 有且只有一个解 $x = 2$,即原方程有且只有一个解 $x = 2$.

例3中的方程本身是一个超越方程,而利用函数的性质则可使其迎刃而解.

3.2 判断方程根的存在性

对于一元二次方程,可以由判别式来判断根的存在性,但是对于一般的方程,最有效的方法则是利用零点存在定理来判断根的存在性.虽然零点存在定理只保证函数 $f(x)$ 在 $[a, b]$ 上有根,而没有指出如何找到根,但是解决存在性问题也十分重要.在数学上,还有很多纯粹的存在性定理,比如代数基本定理:只说了 n 次多项式方程一定有 n 个根,而没有说出怎样找到这 n 个根.在人文意境上,对存在性定理最美丽动人的描述应属贾岛的诗句:松下问童子,言师采药去;只在此山中,云深不知处.

例4:已知集合 M 是满足下列性质的函数 $f(x)$ 的全体:在定义域内存在实数 t,使得 $f(t + 2) = f(t) + f(2)$.若 $f(x) = 2^x + bx^2$,求证:对任意实数 b,都有 $f(x) \in M$.

解：当 $f(x) = 2^x + bx^2$ 时，方程 $f(x+2) = f(x) + f(2) \Leftrightarrow$
$2^{x+2} + b(x+2)^2 = 2^x + bx^2 + 4 + 4b \Leftrightarrow 3 \times 2^x + 4bx - 4 = 0$.

令 $g(x) = 3 \times 2^x + 4bx - 4$，则 $g(x)$ 在 **R** 上的图象是连续的.

当 $b \geq 0$ 时，$g(0) = -1 < 0$，$g(1) = 2 + 4b > 0$，故 $g(x)$ 在 $(0, 1)$ 内至少有一个零点；当 $b < 0$ 时，$g(0) = -1 < 0$，$g\left(\dfrac{1}{b}\right) = 3 \times 2^{\frac{1}{b}} > 0$，故 $g(x)$ 在 $\left(\dfrac{1}{b}, 0\right)$ 内至少有一个零点. 因此对任意的实数 b，$g(x)$ 在 **R** 上都有零点，即方程 $f(x+2) = f(x) + f(2)$ 总有解.

所以，对任意实数 b，都有 $f(x) \in M$.

例 4 中的方程不能直接求解，但是利用零点存在定理可以发现它是有解的，而这便足以解决问题.

3.3　求方程的近似解

求方程的根除了直接看（凑）出结果（如例 3）之外，主要是用求根公式. 不过，有些方程没有求根公式，比如 $2^x - x^2 - 2 = 0$；有些方程虽然有求根公式，但是其求解过程太复杂、技巧性太强，比如 $x^3 - 5x + 3 = 0$. 对于这些情况，根据实际应用等方面的需要，我们通常是求出方程的近似解. 在高中数学教材中，求方程的近似解，主要是用二分法. 而实际上，求方程近似解的方法很多，如牛顿切线法（它比二分法的效率更高），下面介绍其大致操作步骤（不给出严格证明）.

设 x^* 是方程 $f(x) = 0$ 的根，x_0 为 x^* 附近的一个值，过 $(x_0, f(x_0))$ 作 $f(x)$ 的切线，则切线方程为 $y - f(x_0) = f'(x_0)(x - x_0)$，该切线与 x 轴交点的横坐标为 $x_1 = x_0 - \dfrac{f(x_0)}{f'(x_0)}$. 如果函数 $f(x)$ 的图象在 x^* 附近的凹凸性不变，则从图 3-2 中不难发现，x_1 比 x_0 更接近方程的

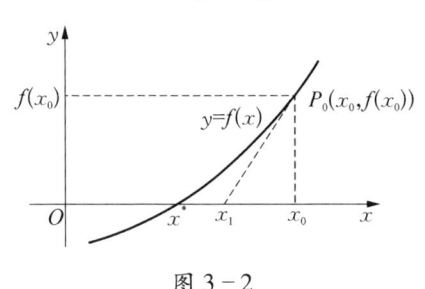

图 3-2

根 x^*，由此得到一个迭代公式 $x_{n+1} = x_n - \dfrac{f(x_n)}{f'(x_n)}$. 可以证明，数列 $\{x_n\}$ 的极限为 x^*.

3.4 研究方程根的性质

三次方程虽然有求根公式，但是用起来不方便；多元高次方程能解（根式解）的非常少. 对此，一方面可以利用函数的性质研究方程的近似解，另一方面可以利用韦达定理研究方程根的性质. 法国数学家韦达（Francois Viete，1540～1603）被公认为数学符号化之父. 其著作《论方程的识别与论证》记载了被后人所称谓的"韦达定理"：一元 n 次方程根与系数的关系. 大家已经熟悉二次方程的韦达定理，这里再介绍三次方程的韦达定理：若关于 x 的一元三次方程 $ax^3 + bx^2 + cx + d = 0 (a \neq 0)$ 的三个根分别为 x_1、x_2、x_3，则 $x_1 + x_2 + x_3 = -\dfrac{b}{a}$，$x_1x_2 + x_2x_3 + x_3x_1 = \dfrac{c}{a}$，$x_1x_2x_3 = -\dfrac{d}{a}$.

例5：已知 a、b、c 是三个实数，满足 $a + b + c > 0$，$ab + bc + ca > 0$，$abc > 0$. 求证：$a > 0$，$b > 0$，$c > 0$.

解：根据韦达定理可知，a、b、c 是方程 $x^3 - (a + b + c)x^2 + (ab + bc + ca)x - abc = 0$ 的三个根. 因为 $-abc \neq 0$，所以 $x = 0$ 不是方程的根.

若 $x < 0$，则由题设得 $x^3 - (a + b + c)x^2 + (ab + bc + ca)x - abc < 0$，故方程没有负实数根.

综上，方程只有正实数根，即 $a > 0$，$b > 0$，$c > 0$.

本题看似与方程无关，但是直接利用不等式的性质，很难由条件不等式得到结果不等式，而由条件式子的结构，联想到三次方程的韦达定理，则可巧妙获解.

拓展阅读与练习：

1. （2015年天津市高中数学竞赛）方程 $3^x + 5^x + 7^x = 11^x$ 共有_____个

不同的实根.

解：令函数 $f(x) = \left(\dfrac{3}{11}\right)^x + \left(\dfrac{5}{11}\right)^x + \left(\dfrac{7}{11}\right)^x - 1$，则方程 $3^x + 5^x + 7^x = 11^x$ 等价于方程 $f(x) = 0$. 注意到 $f(0) = 2 > 0$，$f(2) = -\dfrac{38}{121} < 0$，又因为 $f(x)$ 在 **R** 上单调递减，可知方程 $f(x) = 0$ 在 $(0, 2)$ 上有且只有一个实根. 所以方程 $3^x + 5^x + 7^x = 11^x$ 有唯一的实根.

2. 定义区间 (m, n)，$[m, n]$，$(m, n]$，$[m, n)$ 的长度均为 $n - m$，其中 $n > m$. 满足不等式 $\dfrac{1}{x-1} + \dfrac{2}{x-2} + \cdots + \dfrac{200}{x-200} > 10$ 的实数 x 的集合 E 可以表为一些互不相交的开区间之并，试求出这些区间长度的总和.

解：考虑函数 $f(x) = \dfrac{1}{x-1} + \dfrac{2}{x-2} + \cdots + \dfrac{200}{x-200} - 10$，当 $x < 1$ 时，$f(x) < 0$，故在区间 $(-\infty, 1)$ 内，不存在使 $f(x) > 0$ 的实数 x.

对于集合 $\{1, 2, \cdots, 200\}$ 中的任一个元素 k，当 $x \to k^-$ 时 $f(x) \to -\infty$，当 $x \to k^+$ 时 $f(x) \to +\infty$，当 $x \to +\infty$ 时 $f(x) \to -10$，由零点存在定理知，方程 $f(x) = 0$ 在区间 $(1, 2)$，$(2, 3)$，$\cdots$，$(199, 200)$，$(200, +\infty)$ 内至少各有一个解. 下面说明各区间上解的唯一性：

思路1：构作多项式 $p(x) = (x-1)(x-2)\cdots(x-200) \cdot f(x)$，由于 $p(x)$ 是一个 200 次多项式，故方程 $p(x) = 0$ 至多有 200 个相异实根（注意 $x = 1, 2, \cdots, 200$ 都不是 $p(x) = 0$ 的根）. 显然 $f(x) = 0$ 的解都是 $p(x) = 0$ 的根，而 $f(x) = 0$ 至少有 200 个不同的解，故各区间上 $f(x) = 0$ 的解都是唯一的.

思路2：根据单调性定义可以证明，$f(x)$ 在每个区间 $(1, 2)$，$(2, 3)$，$\cdots$，$(199, 200)$，$(200, +\infty)$ 上都是单调递减的，故各区间上 $f(x) = 0$ 的解都是唯一的.

函数 $y = f(x)$ 的图象大致如图 3-3 所示：

依次记这 200 个解为 $x_1, x_2, \cdots, x_{200}$，每个 x_k 是其所在区间 $(k, k+1)$，$k = 1, 2, \cdots, 199$ 及 $(200, +\infty)$ 中的唯一解，不等式 $f(x) > 0$ 的解集是 $E = $

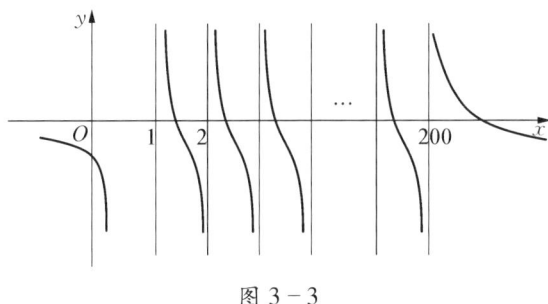

图 3-3

$(1, x_1) \cup (2, x_2) \cup \cdots \cup (200, x_{200})$，故得所有区间长度的总和为

$$S = (x_1 - 1) + (x_2 - 2) + \cdots + (x_{200} - 200)$$
$$= (x_1 + x_2 + \cdots + x_{200}) - (1 + 2 + \cdots + 200)$$
$$= \sum_{i=1}^{200} x_i - 20\,100. \quad \cdots\cdots\cdots\cdots\cdots\cdots\cdots ①$$

考虑 $p(x) = (x-1)(x-2)\cdots(x-200) \cdot \left(\dfrac{1}{x-1} + \dfrac{2}{x-2} + \cdots + \dfrac{200}{x-200} - 10\right)$，因为在 $(x-1)(x-2)\cdots(x-200) \cdot \dfrac{k}{x-k}$ 中，x^{199} 的系数为 $k(k = 1, 2, \cdots, 200)$，所以 $p(x)$ 展开式中 x^{199} 的系数是 $a_1 = (10+1) \cdot (1+2+\cdots+200) = 11 \times 20\,100$，$x^{200}$（最高项）的系数为 -10，所以可记

$$p(x) = -10x^{200} + a_1 x^{199} + a_2 x^{198} + \cdots + a_{199} x + a_{200}. \quad \cdots\cdots\cdots ②$$

而 $x_1, x_2, \cdots, x_{200}$ 是 $p(x)$ 的 200 个相异实根，故有

$$p(x) = -10(x - x_1)(x - x_2)\cdots(x - x_{200}). \quad \cdots\cdots\cdots ③$$

由②③，比较 $p(x)$ 展开式中 x^{199} 的系数，可得 $\sum_{i=1}^{200} x_i = \dfrac{1}{10} a_1 = 11 \times 2\,010.$

代入①得 $S = \sum_{i=1}^{200} x_i - 20\,100 = 2\,010$，所求区间长度的总和为 $2\,010$.

第4讲 向量：兼具代数和几何特征

数学具有真、善、美三个层次的表现力．对数学之真的欣赏包含了对数学的科学性和理性精神的认同；对数学之善的欣赏是对数学的价值和功用的一种肯定；对数学之美的欣赏是对数学的艺术性的感悟．在中学数学中，数学的真、善、美往往被淹没在形式演绎的海洋里，需要大力挖掘、用心体察，才能发现和欣赏．本节课我们来欣赏向量的真、善、美．

1. 欣赏数学之真，体会形式演绎背后的数学本质

欣赏数学之真即分析与核心概念相关的概念、性质、定理、公式等，揭示形式演绎背后的数学本质，同时发挥核心概念及其反映的数学思想方法在数学学习中的引领作用，学会研究一个全新的数学对象的基本思路．它有助于核心概念的理解，也有助于解题思路的指导，能够将欣赏提升到"内行看门道"的层面．

向量是近代数学的基本概念，是沟通代数和几何的桥梁和重要工具，因此欣赏向量和向量法，就要从代数和几何两个方面洞察其本质特征．

向量用符号表示方向，成为代数研究的对象，而"运算"是代数的核心．因而，向量的表示（平面向量基本定理指出，平面

上任意向量都可以由不共线的两个向量线性表示)和运算(加减、数乘、数量积)自然是向量研究的一条明线.

而向量兼具代数和几何特征,向量的运算既是数的运算,也是图形的运算. 沙尔定理($\overrightarrow{AC}=\overrightarrow{AB}+\overrightarrow{BC}$)与三角形的特征相关,平面向量基本定理与平行四边形的性质一致,向量的数乘与三角形相似紧密联系,平面向量数量积与余弦定理等价. 正因为有关向量表示和运算的这四个"一般定理"刻画了欧氏几何的基本图形(三角形和平行四边形),内蕴着几何要素之间的基本关系(相似、余弦定理),所以向量能串联众多的几何知识,解决复杂的几何问题. 对于向量中的这四个"一般定理",我们不难体会前三个,下面重点分析第四个——平面向量数量积与余弦定理等价.

现行各版本高中数学教材大多利用平面向量数量积推导余弦定理,而实际上平面向量数量积的定义 $\boldsymbol{a} \cdot \boldsymbol{b}=|\boldsymbol{a}||\boldsymbol{b}|\cos\theta$($\theta$ 为向量 $\boldsymbol{a}$、$\boldsymbol{b}$ 的夹角)也是基于余弦定理的. 我们知道,定义一个代数运算,首先要求该运算具有良好的运算律(比如交换律、分配律等),运算律是解答各种各样代数问题的基本工具;其次要求该运算具有较好的几何意义. 下面试图还原向量数量积概念的形成思路.

在引入向量数量积概念之前,我们已知道向量的线性运算. 不妨从向量的加法入手,结合余弦定理,得到

$$|\boldsymbol{a}+\boldsymbol{b}|^2=|\boldsymbol{a}|^2+|\boldsymbol{b}|^2+2|\boldsymbol{a}||\boldsymbol{b}|\cos\theta.$$

..................①

首先,寻求处理向量的大小和方向的代数运算. 观察①式,考虑二元运算 $f(\boldsymbol{a},\boldsymbol{b})=\dfrac{1}{2}(|\boldsymbol{a}+\boldsymbol{b}|^2-|\boldsymbol{a}|^2-|\boldsymbol{b}|^2)$,于是 $f(\boldsymbol{a},\boldsymbol{a})=|\boldsymbol{a}|^2$,从而可以通过 $f(\boldsymbol{a},\boldsymbol{b})$ 研究向量的长度;另外 $f(\boldsymbol{a},\boldsymbol{b})=0 \Leftrightarrow \boldsymbol{a} \perp \boldsymbol{b}$,所以可以通过 $f(\boldsymbol{a},\boldsymbol{b})$ 研究向量的方向(垂直). 由此发现,$f(\boldsymbol{a},\boldsymbol{b})$ 是和 $\boldsymbol{a}$、$\boldsymbol{b}$ 的长度、角度密切相关的几何量,具有较好的几何意义.

其次,研究该代数运算是否具有良好的运算律. 二元运算 $f(\boldsymbol{a},\boldsymbol{b})$ 是否满足交换律、分配律等运算性质呢?显然交换律是满足的,即 $f(\boldsymbol{a},\boldsymbol{b})=f(\boldsymbol{b},\boldsymbol{a})$. 下

面根据余弦定理来证明 $f(a, b)$ 满足分配律 $f(a, b+c) = f(a, b) + f(a, c)$.

由余弦定理,得极化恒等式

$$|u+v|^2 + |u-v|^2 = 2|u|^2 + 2|v|^2. \quad \cdots\cdots\cdots ②$$

对②式中的 u, v 赋值,

令 $u = a+b, v = c$,得

$$|a+b+c|^2 + |a+b-c|^2 = 2|a+b|^2 + 2|c|^2; \quad \cdots\cdots ③$$

令 $u = a, v = b-c$,得

$$|a+b-c|^2 + |a-b+c|^2 = 2|a|^2 + 2|b-c|^2; \quad \cdots\cdots ④$$

令 $u = a+c, v = b$,得

$$|a+c-b|^2 + |a+c+b|^2 = 2|a+c|^2 + 2|b|^2; \quad \cdots\cdots ⑤$$

令 $u = b, v = c$,得

$$2|b+c|^2 + 2|b-c|^2 = 4|b|^2 + 4|c|^2. \quad \cdots\cdots\cdots ⑥$$

③ + ⑤ − ④ − ⑥,整理得 $|a+b+c|^2 - |a|^2 - |b+c|^2 = (|a+b|^2 - |a|^2 - |b|^2) + (|a+c|^2 - |a|^2 - |c|^2) \Leftrightarrow f(a, b+c) = f(a, b) + f(a, c)$.

综上所述,二元运算 $f(a, b)$ 既具有较好的几何意义,又具有良好的运算性质(尤其是分配律).

因而,两向量 a、b 的数量积 $f(a, b)$ 和向量的加法、数乘一起,简洁自然地把空间的结构全面代数化,而且把定量几何中的基本定理,如相似三角形定理和余弦定理(实际上其是勾股定理的推广,也可推导出正弦定理),分别转化为数乘和数量积的分配律. 为简便起见,记 $a \cdot b = f(a, b) = |a||b|\cos\theta$.

值得一提的是,从历史发生顺序来说,向量数量积概念产生于 19 世纪 80 年代,而余弦定理的思想在欧几里得时代就产生了. 这提示我们,课程设计中要避免逻辑循环:以余弦定理为基础定义向量数量积(分配律),又用向量数量

积(分配律)来证明余弦定理.

此外,欣赏向量之真,理解向量与向量法的本质,对于解题有强大的方向指引作用. 运用向量回路(沙尔定理)研究平面几何问题的难点在于解题方向不明确,往往"绕来绕去"又回到原地. 面对这一思维的困难,很多师生宁愿选择坐标运算,即将寻找向量回路的思维量转化为坐标运算的计算量. 而洞察了向量法的四个"一般定理"之后,则常常可以切中肯綮,找到解题的突破口. 比如,向量数量积的运算律(分配律)可以由极化恒等式证明,因此破解向量数量积问题时,极化恒等式自然是首选的利器. 除了平行四边形中的极化恒等式,三角形中的极化恒等式也很常用:△ABC 中,D 是 BC 中点,则 $\overrightarrow{AB} \cdot \overrightarrow{AC} = (\overrightarrow{AD} + \overrightarrow{DB}) \cdot (\overrightarrow{AD} + \overrightarrow{DC}) = (\overrightarrow{AD} + \overrightarrow{DB}) \cdot (\overrightarrow{AD} - \overrightarrow{DB}) = \overrightarrow{AD}^2 - \overrightarrow{DB}^2$. 比如:

例 1:(2013 年高考浙江卷)设△ABC,P_0 是边 AB 上一定点,满足 $P_0B = \frac{1}{4}AB$,且对于边 AB 上任一点 P,恒有 $\overrightarrow{PB} \cdot \overrightarrow{PC} \geq \overrightarrow{P_0B} \cdot \overrightarrow{P_0C}$,则 ( )

(A)$\angle ABC = 90°$ (B)$\angle BAC = 90°$

(C)$AB = AC$ (D)$AC = BC$

解:如图 4-1,设 BC 中点为 M,则由极化恒等式得 $\overrightarrow{PB} \cdot \overrightarrow{PC} = \overrightarrow{PM}^2 - \overrightarrow{MB}^2$,$\overrightarrow{P_0B} \cdot \overrightarrow{P_0C} = \overrightarrow{P_0M}^2 - \overrightarrow{MB}^2$,故 $\overrightarrow{PM}^2 \geq \overrightarrow{P_0M}^2$ 恒成立,即 $|\overrightarrow{PM}| \geq |\overrightarrow{P_0M}|$,所以 $P_0M \perp AB$. 取 AB 中点 N,则 $MP_0 \parallel CN$,从而 $CN \perp AB$,所以 $AC = BC$,选 D.

当然,此题还有其他解法,而利用极化恒等式的解法无疑是其中最简捷、最能体现问题实质的. 在涉及平面向量的问题中类似的例子还有很多,有兴趣的读者可以从中领略"欣赏向量之真"对于启迪思维、指明方向的意义和作用.

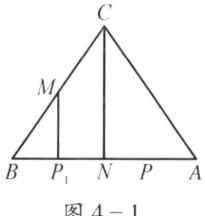

图 4-1

2. 欣赏数学之善,体会数学模型的神奇功用

欣赏数学之善即在梳理核心概念所蕴涵的数学思想的同时,领略数学模型

的神奇功用,感悟基于核心概念的数学模型的应用价值,包括其在数学内部、其他学科和实际生活中的应用价值——二战后的诸多伟大的数学成就,如控制论、信息论、计算机科学等,均是数学之"善"的具体例证. 它有益于沟通数学内部各分支、数学与其他学科以及数学与实际生活的联系,激发创造性思维.

在数学内部,向量不仅可以研究几何问题,而且可以研究一些代数问题,比如由 $|\boldsymbol{a} \cdot \boldsymbol{b}| \leqslant |\boldsymbol{a}||\boldsymbol{b}|$,易得柯西不等式 $(a_1 a_2 + b_1 b_2)^2 \leqslant (a_1^2 + a_2^2)(b_1^2 + b_2^2)$. 向量在其他学科(比如物理学)上的应用更是不胜枚举.

德国数学家格拉斯曼于1844年引入了 n 维向量的概念,将一个 n 维向量 $\boldsymbol{a}$ 定义为一个 n 维的数组 $(a_1, a_2, \cdots, a_n)$,n 维向量的加减、数乘和数量积运算与平面向量相似. 引入 n 维向量后,向量的应用范畴进一步拓宽,由此建立的数学模型在其他学科和实际生活中产生了神奇的功效. 比如,网络搜索引擎在比对两个网页中的新闻文本相似度时所运用的数学原理便与 n 维向量有关:

网页中某词的词频(Term Frequency)指该词出现的频率,TF = 频数/总词数;某词的逆文本频率指数(Inverse Document Frequency)是出现该词的网页数 D_w 和总的中文网页数 D 的函数,$\text{IDF} = \log_2\left(\dfrac{D}{D_w}\right)$. 词汇表是由常用的 64 000 个词按照字典排序构成的,网页中出现的词都在词汇表中.

对于一篇新闻中的所有实词,计算他们的 TF-IDF 值(两者的乘积),把这些值按照各自对应的词在词汇表中的位置依次排列;对于没有在新闻中出现的词,则记 TF-IDF 值为零. 由此得到一个 64 000 维向量,称为该文本的特征向量.

不同的新闻由于文本长度不同(用词也不同),它们对应的特征向量各个维度的数值也不同,一篇 10 000 字的新闻各个维度的数值与一篇 500 字的新闻相比,有些大、有些小. 因此比较各个维度的数值大小是没有意义的,但是比较特征向量的方向就有很大的意义:若两个特征向量的方向一致,则说明相应的新闻用词的比例基本一致、文本相似度较高. 而向量的夹角大小就是刻画方向一致性的度量,利用向量的数量积就可以求向量的夹角.

通过建立 n 维向量的数量积模型,居然把"搜索引擎"和"向量"这两个看似风马牛不相及的事物巧妙地连接起来了. 在看起来"没有数学问题"的地方发现数学问题,并通过相应的数学模型解决问题,乃是数学之善的深刻表现.

3. 欣赏数学之美,体会数学的内在和谐与人文意境

欣赏数学之美即欣赏数学概念、定理、公式本身的形式之美,如对称、统一、简洁、奇异等;或创设核心概念的相似情境,联系核心概念的发展历史,沟通、咀嚼数学思考背后的人文意境和文化意蕴. 它能够帮助我们增强对于数学的感性认同.

很多涉及向量的命题都是内容简洁、结构对称的,体现着数学的形式美感. 下面列举两例:

命题1 在 $\triangle ABC$ 中,G 是重心 $\Leftrightarrow \overrightarrow{GA} + \overrightarrow{GB} + \overrightarrow{GC} = \vec{0}$.

命题2 在 $\triangle ABC$ 内任取一点 O,用 S_A,S_B,S_C 分别表示 $\triangle BOC$,$\triangle COA$,$\triangle AOB$ 的面积,则 $S_A \cdot \overrightarrow{OA} + S_B \cdot \overrightarrow{OB} + S_C \cdot \overrightarrow{OC} = \vec{0}$.

还有一些有关向量的结论,尤其是体现线性空间"基底"思想的分解定理,如一维的共线向量定理、二维的平面向量基本定理、三维的空间向量基本定理,结构统一,体现了不同维度的向量空间的共同特征.

另一方面,梳理向量概念的历史发展线索,并赋予人文角度的解读,也是欣赏向量之美的一种尝试. 张奠宙先生曾用向量的"家世"来比喻向量的发展历程:

第一代向量是力,以平行四边形法则为特征. 大约公元前 350 年,古希腊著名学者亚里士多德就知道了力可以表示成向量,两个力的合成可用平行四边形法则获得.

第二代向量引进了"数乘"运算,可以进行分解,形成了自身特定的数学结构. 此时不再是孤立的几个向量的运算,而是形成了一族向量,相当于一个"社会".

第三代向量引进了"数量积"运算,使两条直线夹角的余弦就是这两直线所

在方向的单位向量的数量积,三角形的面积也可以用向量的数量积求得……诸多几何问题都可以用向量方法"一揽子"解决.向量几何使用向量的数量积比起综合几何"个别处理"的技巧自然轻松得多,可谓"以简驭繁",就像人类社会掌握了高科技.

如果说第一代向量是远古的"原始人",那么第二代向量就相当于具有社会性质的"文明人"了,而第三代向量则好比进步到了"现代人"的程度.

将向量的历史发展与人类的文明进步相类比,既能体会向量发展的每个阶段的人文意境,还能凸显引入新的运算对于向量发展的重要意义.贴切的比喻往往能将抽象的数学对象直观化.

拓展阅读与练习:

1. 三点共线定理:已知 O 是直线 AB 外一点,$\overrightarrow{OC} = m\overrightarrow{OA} + n\overrightarrow{OB}$,则 A,B,C 三点共线 $\Leftrightarrow m + n = 1$. 利用三点共线定理研究下面的问题:

在 $\triangle OAB$ 中,$\overrightarrow{OC} = \dfrac{1}{4}\overrightarrow{OA}$,$\overrightarrow{OD} = \dfrac{1}{2}\overrightarrow{OB}$,$AD$ 与 BC 交于点 M,设 $\overrightarrow{OA} = \vec{a}$,$\overrightarrow{OB} = \vec{b}$,试用 $\vec{a}$、$\vec{b}$ 表示 $\overrightarrow{OM}$;

解: 由 A,M,D 共线,知 $\overrightarrow{OM} = m\overrightarrow{OA} + (1-m)\overrightarrow{OD} = m\overrightarrow{OA} + \dfrac{1}{2}(1-m)\overrightarrow{OB}$,

由 B,M,C 共线,知 $\overrightarrow{OM} = n\overrightarrow{OC} + (1-n)\overrightarrow{OB} = \dfrac{1}{4}n\overrightarrow{OA} + (1-n)\overrightarrow{OB}$.

以 $\overrightarrow{OA}$,$\overrightarrow{OB}$ 为基向量,由 $\overrightarrow{OM}$ 表示的唯一性,得 $m = \dfrac{1}{4}n$,$\dfrac{1}{2}(1-m) = 1-n \Rightarrow m = \dfrac{1}{7}$,$n = \dfrac{4}{7}$,即 $\overrightarrow{OM} = \dfrac{1}{7}\vec{a} + \dfrac{3}{7}\vec{b}$.

2. 在四面体 $ABCD$ 中,已知 $AB^2 + CD^2 = AD^2 + BC^2$,求证:$AC \perp BD$.

证明: 设 O 为空间任意一点,因为 $AB^2 + CD^2 = AD^2 + BC^2$,所以 $\overrightarrow{AB}^2 + \overrightarrow{CD}^2 = \overrightarrow{AD}^2 + \overrightarrow{BC}^2$,即 $(\overrightarrow{OB} - \overrightarrow{OA})^2 + (\overrightarrow{OD} - \overrightarrow{OC})^2 = (\overrightarrow{OD} - \overrightarrow{OA})^2 + (\overrightarrow{OC} - \overrightarrow{OB})^2$.

化简即得 $\vec{OB} \cdot \vec{OA} + \vec{OD} \cdot \vec{OC} = \vec{OD} \cdot \vec{OA} + \vec{OC} \cdot \vec{OB}$，即 $(\vec{OC} - \vec{OA}) \cdot (\vec{OD} - \vec{OB}) = 0$，即 $\vec{AC} \cdot \vec{BD} = 0$，故 $AC \perp BD$．

3. 在平面上，$\vec{AB_1} \perp \vec{AB_2}$，$|\vec{OB_1}| = |\vec{OB_2}| = 1$，$\vec{AP} = \vec{AB_1} + \vec{AB_2}$．若 $|\vec{OP}| < \dfrac{1}{2}$，求 $|\vec{OA}|$ 的取值范围．

解：如图 4-2，显然四边形 AB_1PB_2 为矩形，记矩形中心为 M，则
$\vec{OP} + \vec{OA} = 2\vec{OM} = \vec{OB_1} + \vec{OB_2}$，
$\vec{OP} \cdot \vec{OA} = (\vec{OM} + \vec{MP}) \cdot (\vec{OM} - \vec{MP}) = \vec{OM}^2 - \vec{MP}^2 = \vec{OM}^2 - \vec{MB_1}^2 = \vec{OB_1} \cdot \vec{OB_2}$，
所以 $\vec{OP}^2 + \vec{OA}^2 = \vec{OB_1}^2 + \vec{OB_2}^2 = 2$．

由 $0 \leq |\vec{OP}| < \dfrac{1}{2}$，得 $\dfrac{\sqrt{7}}{2} < |\vec{OA}| \leq \sqrt{2}$．

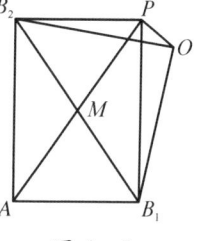

图 4-2

第 5 讲 周期:"等量"的重复过程

"周期"是"等量"的重复过程,是客观事物中一种基本的规律.研究事物的周期性特征,可以利用有限来度量无穷(只要搞清楚一个周期内的情况即可).数学上的周期概念,大多是源于某种"旋转"而产生的,比如三角函数是用来刻画单位圆上的点的运动规律;一旦将"旋转"中的周期规律抽象出来,就能得到"周期函数"的概念.而数列是一种特殊的函数,"周期数列"的概念也呼之欲出.立足于高中数学内容,欣赏周期性,可以从函数周期性的概念入手.

1. 周期性概念的不同表现形式

函数周期性的概念,从几何图形上看,具体表现为函数图象的周而复始;从代数解析式上看,则呈现出不同的表现形式.目前对于周期函数的定义,各版本高中数学教材和一些大学教材并不统一,主要有两种形式.

1.1 周期函数的两种定义

定义 1:一般地,对于函数 $f(x)$,如果存在一个非零常数 T,使得定义域 D 内的每一个 x 值,都有 $x+T \in D$ 且 $f(x+T) = f(x)$,那么函数 $f(x)$ 就叫做周期函数,非零常数 T 叫做这个函数的周期.

定义 2：一般地,对于函数 $f(x)$,如果存在一个非零常数 T,使得定义域 D 内的每一个 x 值,都有 $x\pm T\in D$ 且 $f(x\pm T)=f(x)$,那么函数 $f(x)$ 就叫做周期函数,非零常数 T 叫做这个函数的周期.

不难发现,定义 1 要求定义域单向无界,而定义 2 要求定义域双向无界. 若函数 $f(x)$ 的定义域双向无界,T 是周期,则每一个常数 $kT(k\in Z, k\neq 0)$ 都是它的周期,此时两种定义是等价的;若函数 $f(x)$ 的定义域单向无界(比如周期 $T>0$),则每一个常数 $kT(k\in Z^+)$ 都是它的周期.

比较两种定义,前者更实用,后者使概念更完善. 回到数学的本源,函数的周期性是用来刻画现实世界中具有循环往复的现象,只要等量重复出现就是周期现象,何必生生不息呢？实际上,几乎所有具有周期性的运动都是从某一时刻开始的,因此周期函数的定义域完全允许单向无界,所以笔者更倾向于定义 1.

1.2 最小正周期

在周期函数 $f(x)$ 的所有正周期中,若存在最小正数,则称为该函数的最小正周期. 以后在没有特别说明的情况下,我们说的周期都是指最小正周期.

并非所有周期函数都有最小正周期. 如 Dirichlet 函数 $D(x)=\begin{cases}1, & x\in \mathbf{Q}\\ 0, & x\in \complement_\mathbf{R}\mathbf{Q}\end{cases}$ 的周期是所有有理数,显然不存在最小正周期.

对于周期函数而言,研究最小正周期之后很容易推广到其他周期,这种思路跟通过研究基向量来研究所有向量是类似的.

1.3 函数的运算、复合与周期性

知道单个函数的周期性之后,自然的后续问题是考虑两个周期函数的运算和复合所得的新函数的周期性. 容易证明,两个周期函数的复合函数是周期函数,但两个周期函数的和(积、商)函数未必是周期函数. 这部分的相关研究需要用到函数的连续性等知识,超出了高中数学的内容范畴,此处只给出几个重要的结论.

定理1：设周期连续函数 $f_1(x)$ 和 $f_2(x)$ 分别有最小正周期 T_1 和 T_2，则函数 $f(x)=f_1(x)+f_2(x)$ 为周期函数的充要条件是 $\dfrac{T_1}{T_2}$ 为有理数.

定理2：设周期连续函数 $f_1(x)$ 和 $f_2(x)$ 分别有最小正周期 T_1 和 T_2，则函数 $f(x)=f_1(x)f_2(x)$ 为周期函数的充要条件是 $\dfrac{T_1}{T_2}$ 为有理数.

由抽象的周期性定义回到具体的周期函数——三角函数. 多个三角函数在运算过程中会导致定义域变化, 从而引起函数周期性的变化, 而这点不易察觉, 在学习中经常被忽视.

例1：求函数 $y=\sin x\left(1+\tan x\tan\dfrac{x}{2}\right)$ 的最小正周期.

解：定义域为 $D=\left\{x\mid x\neq 2k\pi+\pi, x\neq k\pi+\dfrac{\pi}{2}, k\in \mathbf{Z}\right\}$.

当 $x=2k\pi(k\in Z)$ 时, $y=0$;

当 $x\neq 2k\pi(k\in Z)$ 时, $y=\sin x+\sin x\tan x\cdot\dfrac{1-\cos x}{\sin x}=\sin x+\tan x-\tan x\cos x=\tan x$,

根据函数定义域, 观察函数图象知周期为 $T=2\pi$.

对比周期函数的不同定义（概念的内涵）, 揭示最小正周期（概念的外延）的研究意义, 通过具体的周期函数（如三角函数）来阐释函数运算对周期性的影响, 这种由表及里、"从抽象到具体"的过程是欣赏周期性概念的基点.

2. 周期性概念的结构体系

周期性作为函数的基本性质, 与单调性、对称性（奇偶性可以看成特殊的对称性）等其他性质密切相关. 近些年来, 函数的周期性越来越受到高考命题人的青睐,2015 年、2017 年高考上海卷的压轴题均是考查函数周期性与其他基本性质的相互"制约"关系.

2.1 函数的周期性与对称性(奇偶性)

定理 3:(1) 若函数 $f(x)$ 关于直线 $x=a$ 和 $x=b(a>b)$ 对称,则 $f(x)$ 是周期函数且周期 $T=2(a-b)$;

(2) 若函数 $f(x)$ 关于点 $(a,0)$ 和 $(b,0)(a>b)$ 对称,则 $f(x)$ 是周期函数且周期 $T=2(a-b)$;

(3) 若函数 $f(x)$ 关于点 $(a,0)$ 和直线 $x=b$ 对称,则 $f(x)$ 是周期函数且周期 $T=4|a-b|$.

以上三条结论很常见,此处略去证明. 既然对称性中往往"蕴藏"着周期性,那么一旦函数同时具有周期性和对称性(包括奇偶性),则两者定会相互影响,很隐蔽地"约束"着函数的整体性态,而高考中的此类问题往往都是难题. 比如 2005 年高考福建卷第 12 题(例 2,原题是选择题),连命题人也没能发现周期性与奇偶性结合后隐藏着的内在性态,给出了错误的选项.

例 2:$f(x)$ 是定义在 **R** 上的以 3 为周期的奇函数,且 $f(2)=0$,则方程 $f(x)=0$ 在 $(0,6)$ 内解的个数的最小值是_____.

解:因为 $f(x)$ 的周期为 3,$f(2)=0$,所以 $f(5)=0$,$f(-4)=f(-1)=f(2)=0$,而 $f(x)$ 为奇函数,则 $f(1)=-f(-1)=0$,$f(4)=-f(-4)=0$,$f(0)=0$,$f(3)=0$. 除了 1,2,3,4,5 这 5 个解外,周期性与奇偶性的结合其实还蕴藏着方程的其他解(原题命题人提供的选项中,最大的数是 5,而实际上解的个数大于 5).

由 $f(x)$ 的周期性,知 $f(-1.5)=f(1.5)$;由 $f(x)$ 的奇偶性,知 $f(-1.5)=-f(1.5)$,故 $f(1.5)=0$,从而 $f(4.5)=0$,所以 1.5,4.5 也是方程 $f(x)=0$ 的解.

问题中会不会还蕴藏着其他的解呢?这需要构造出符合题目条件且只有 7 个解的函数模型. $f(x)$ 同时满足 4 个条件:(1) 定义在 **R** 上;(2) 奇函数;(3) 周期为 3;(4) $f(2)=0$,据此可以找到一个具体例子 $f(x)=\sin\dfrac{2\pi}{3}x+$

$\sin\dfrac{4\pi}{3}x$ 符合条件,其在区间$[0,6]$上的大致图象如图 5-1 所示.

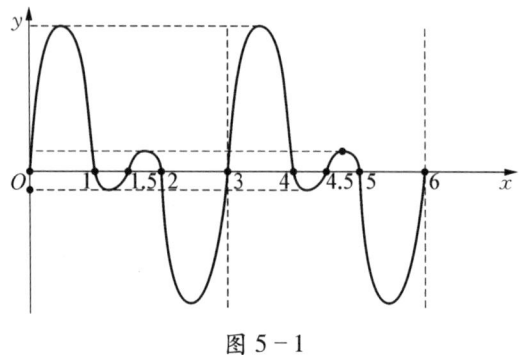

图 5-1

2.2 函数的周期性与单调性

函数的单调性刻画函数"上升"、"下降"的变化趋势,而周期性则表明函数图象周而复始的变化规律,两者之间存在着"冲突".精选高考题中与函数的周期性概念对应的"好题",通过解题体现单调性与周期性的这种"矛盾",可以帮助领悟核心概念(或重要子概念)所蕴含的数学思想方法.

例 3:(2017 年高考上海卷)设定义在 **R** 上的函数 $f(x)$ 满足:对于任意的 $x_1, x_2 \in \mathbf{R}$,当 $x_1 < x_2$ 时,都有 $f(x_1) \leqslant f(x_2)$.

(1) $f(x) = ax^3 + 1$,求实数 a 的取值范围;

(2) 若 $f(x)$ 是周期函数,求证:$f(x)$ 是常值函数;

(3) 设 $f(x)$ 恒大于零,$g(x)$ 是定义在 **R** 上的、恒大于零的周期函数,M 是 $g(x)$ 的最大值,函数 $h(x) = f(x) \cdot g(x)$.求证:"$h(x)$ 是周期函数"的充要条件是"$f(x)$ 是常值函数".

解:前两小题的解答略去,下面重点考虑第(3)小题.

充分性:若 $f(x)$ 为常值函数,设 $f(x) = C$,$g(x)$ 的一个周期为 T_g,则 $h(x) = C \cdot g(x)$.对任意 $x \in \mathbf{R}$,$h(x + T_g) = C \cdot g(x + T_g) = C \cdot g(x) = h(x)$,故 $h(x)$ 是周期函数.

必要性：若 $h(x)$ 是周期函数，记周期为 $T > 0$. 假设存在实数 $x_1 < x_2$ 使得 $f(x_1) \neq f(x_2)$，由于 $f(x)$ 单调不减，故

$$0 < f(x_1) < f(x_2). \qquad \cdots\cdots\cdots ①$$

记 $A = \{x \mid g(x) = M\}$，由 $g(x)$ 的周期性知，存在 $x_0 \in A$，$x_0 > x_2$，有

$$h(x_0) = f(x_0)g(x_0) \geq f(x_2) \cdot M, \qquad \cdots\cdots\cdots ②$$

存在 $n \in \mathbf{N}^*$，使得 $x_0 - nT < x_1$，有 $h(x_0 - nT) = f(x_0 - nT)g(x_0 - nT) \leq f(x_1) \cdot M$，即

$$h(x_0) \leq f(x_1) \cdot M. \qquad \cdots\cdots\cdots ③$$

由①②③得 $h(x_0) \leq f(x_1) \cdot M < f(x_2) \cdot M \leq h(x_0)$，矛盾. 所以假设不成立，对任意实数 x_1，x_2 都有 $f(x_1) = f(x_2)$，即 $f(x)$ 是常值函数.

在证明必要性时，反证法最容易凸显单调性与周期性的"冲突"，因而证明过程简洁明快，有兴趣的读者可以考虑其他证法.

2017 年是上海新高考改革（文理不分科）元年，例 3 是全卷的压轴题，函数周期性的重要性可见一斑. 建立周期性概念与单调性、对称性等相关概念的本质联系，是深入理解、欣赏周期性的重要途径.

3. 周期性概念的人文意境

通过有思维深度的问题和案例来阐释概念所蕴含的理性精神，是数学优秀生喜闻乐见的形式；而解读数学概念的人文意境，则让数学变得更容易接近一些. 说到周期性的人文意境，最著名的例子是张奠宙先生对"离离原上草，一岁一枯荣"（白居易《赋得古原草送别》）的解读.

周期现象大量存在于自然界和我们的生活中，周期也不必是时间意义上的，比如门捷列夫发现的元素周期律. 现在我们熟悉的化学元素译名，许多都是清代化学家徐寿确定下来的. 徐寿大量地用生僻汉字对译西方的元素名后，它们的本义逐渐被人们淡忘了，误以为它们是近代为了翻译化学元素所造出来

的字.

翻阅《明史·诸王世系表》,我们可以发现一个有趣的现象,几百年前大明帝国的皇子皇孙们,他们的名字竟然很多都与元素周期表上的元素名称相同.

明代宗室取名有一套固定的规则,名字的第二个字,系太祖朱元璋所亲定,为诸王的后裔定了二十字的字辈.名字的第三个字,则以"五行"为偏旁部首,按照"木火土金水"的顺序循环使用(周期性),比如(除太祖朱元璋外)皇帝(按辈分排序)名字依次为朱棣、朱允炆和朱高炽、朱瞻基、朱祁镇和朱祁钰、朱见深、朱祐樘、朱厚照和朱厚熜、朱载垕、朱翊钧、朱常洛、朱由校和朱由检.

这样一套科学的命名系统,具有便于检索、便于排辈的优点,堪比当今的"有机化学命名规范",令人佩服.当然,这个命名系统也存在缺陷,那就是随着朱家后代的数量成几何级数增长,以五行为偏旁的字越来越不够用了,而且皇家的名字要避讳,名字取生僻字有利于把避讳的影响缩到最小.于是后代子孙们觅史搜典,在汉代的《说文解字》、南北朝的《玉篇》、宋代的《广韵》和《集韵》里面查找适用的生僻字.这些典籍也是徐寿所用生僻汉字的主要出处.

我们来数数那些登上元素周期表的明朝藩王.朱元璋四世孙的名字以"金"为偏旁,有秦王朱公锡、封丘王朱同铬、鲁阳王朱同铌、寿昌王朱均铁、宣宁王朱成钴、怀仁王朱成钯、长阳王朱恩钠、益阳王朱恩铜、沅陵王朱恩铈、长垣王朱恩钾、弘农王朱寘镧、韩王朱徵钋、唐山王朱诠铍、新野王朱弥镉、伊王朱諟钒;五世孙的名字以"水"为偏旁,有鲁阳王子朱安汞;九世孙的名字又以"金"为偏旁,有永和王朱慎镭、瑞金王朱在钠、庆王朱帅锌、蒙阴王朱帅钾、稷山王朱效钛、内丘王朱效锂、金华王朱翊铕、荥阳王朱翊铬.

人文典故自然是对概念的一种欣赏,然而要深刻理解、欣赏周期性概念,主要还是通过多角度分析概念的内涵、外延,构建相关概念的网络.概念联系越丰富、概念理解越深刻.在以周期函数为例欣赏周期性概念时,除了本文阐述的欣赏案例外,还可以挖掘概念的外延——满足$f(x+T)=kf(x)$的所谓"类周期"概念,体悟处理周期函数问题的重要思想——数形结合等.

拓展阅读与练习：

1.（2015年高考上海卷）对于定义域为 **R** 的函数 $g(x)$，若存在正常数 T，使得 $\cos g(x)$ 是以 T 为周期的函数，则称 $g(x)$ 为余弦周期函数，且称 T 为其余弦周期. 已知 $f(x)$ 是以 T 为余弦周期的余弦周期函数，其值域为 **R**，设 $f(x)$ 单调递增，$f(0)=0$，$f(T)=4\pi$.

（1）验证 $h(x)=x+\sin\dfrac{x}{3}$ 是以 6π 为余弦周期的余弦周期函数；

（2）设 $a<b$，证明对任意 $c\in[f(a),f(b)]$，存在 $x_0\in[a,b]$，使得 $f(x_0)=c$；

（3）证明："u_0 为方程 $\cos f(x)=1$ 在 $[0,T]$ 上的解"的充要条件是"u_0+T 为方程 $\cos f(x)=1$ 在 $[T,2T]$ 上的解"，并证明对任意 $x\in[0,T]$ 都有 $f(x+T)=f(x)+f(T)$.

解：（1）证明：$\cos h(x)=\cos\left(x+\sin\dfrac{x}{3}\right)$，

$$\cos h(x+6\pi)=\cos\left(x+6\pi+\sin\dfrac{x+6\pi}{3}\right)=\cos\left(x+6\pi+\sin\dfrac{x}{3}\right)$$

$$=\cos\left(x+\sin\dfrac{x}{3}\right)=\cos h(x).$$

所以 $h(x)=x+\sin\dfrac{x}{3}$ 是以 6π 为余弦周期的余弦周期函数.

（2）因为 $f(x)$ 值域为 **R**，故存在 x_0，$f(x_0)=c$. 若 $x_0<a$，由 $f(x)$ 单调递增知 $c=f(x_0)<f(a)$；若 $x_0>b$，由 $f(x)$ 单调递增知 $c=f(x_0)>f(b)$，均与 $c\in[f(a),f(b)]$ 矛盾，故存在 $x_0\in[a,b]$，使得 $f(x_0)=c$ 成立，证毕.

（3）先证必要性：u_0 为方程 $\cos f(x)=1$ 在 $[0,T]$ 上的解，即 $\cos f(u_0)=1$，由 $u_0\in[0,T]$ 可得 $u_0+T\in[T,2T]$，由于函数 $f(x)$ 是以 T 为余弦周期的余弦周期函数，所以 $\cos f(u_0+T)=\cos f(u_0)=1$，即 u_0+T 为方程 $\cos f(x)=1$ 在

$[T, 2T]$上的解.

再证充分性:$u_0 + T$为方程$\cos f(x) = 1$在$[T, 2T]$上的解,即$\cos f(u_0 + T) = 1$,由$u_0 + T \in [T, 2T]$可得$u_0 \in [0, T]$,由于函数$f(x)$是以T为余弦周期的余弦周期函数,所以$\cos f(u_0) = \cos f(u_0 + T) = 1$,即$u_0$为方程$\cos f(x) = 1$在$[0, T]$上的解.

同理,"u_0为方程$\cos f(x) = -1$在$[0, T]$上的解"的充要条件是"$u_0 + T$为方程$\cos f(x) = -1$在$[T, 2T]$上的解".

下证:对任意$x \in [0, T]$都有$f(x + T) = f(x) + f(T)$.

因为$f(x)$单增,$f(0) = 0$,$f(T) = 4\pi$,故当$x \in [0, T]$时有$f(x) \in [0, 4\pi]$.

方程$\cos f(x) = \pm 1$在$[0, T]$上的解为$f(x) = 0, \pi, 2\pi, 3\pi, 4\pi$,对应的$x$值分别为$0, x_1, x_2, x_3, T$. 记$x_0 = 0, x_4 = T$,则根据前面的命题知,$\cos f(x) = \pm 1$在$[T, 2T]$上的解为$T, x_1 + T, x_2 + T, x_3 + T, 2T$,于是有$f(x_i + T) = f(x_i) + 4\pi, i = 0, 1, 2, 3, 4$.

对任意$x \in (x_i, x_{i+1})$,$f(x) \in (i\pi, (i+1)\pi)$,$f(x + T) \in ((i+4)\pi, (i+5)\pi)$,余弦函数在这两个区间单调性一致,故$\cos f(x + T) = \cos f(x) \Leftrightarrow f(x + T) = f(x) + 4\pi$.

综上,对任意$x \in [0, T]$都有$f(x + T) = 4\pi + f(x)$,即$f(x + T) = f(x) + f(T)$.

第6讲 单调性:"走势"的定量刻画

单调性是刻画函数性态的重要工具,无疑是一个重要概念.高中阶段用初等代数的语言定义单调性,微积分中则是用导数来刻画单调性.语言的刻画不过是一种表象,其中蕴含的核心思想是:我们总可以把不规范的事物转化为规范的事物,用规范的简单的事物控制复杂的事物.比如,方程和不等式可以看作函数的特定状态,用函数的观点处理方程、不等式的有关问题,自然是情理之中的事.

函数的单调性,从数的角度看,反映的是当自变量增加时,函数值是增加还是减少,即某个范围里函数值的变化;从形的角度看,就是研究函数图象走势的变化规律,即是上升还是下降.清楚了函数的单调性,中学阶段函数的很多性质也就一目了然了,如函数的极值和最值(包括函数在某一给定区间上的值域)等.

数列作为离散型的函数,同样具有单调性,数列中的很多问题都可以转化为求数列的最值项,而数列最值大多是通过研究数列的单调性得到的.此外,数列的极限往往也跟单调性有关,比如利用定理"单调有界数列必有极限"可以证明数列 $\left\{\left(1+\dfrac{1}{n}\right)^n\right\}$ 的极限的存在性,然后定义 $\lim\limits_{n\to\infty}\left(1+\dfrac{1}{n}\right)^n=e$. 因此,单调性对于数列研究的重要性就不言而喻了.

考虑到数列$\{a_n\}$的单调性的判断相对较为简单,只要比较a_n与a_{n+1}即可,所以本讲主要分析函数的单调性,围绕概念进行多角度的欣赏,构建函数单调性的概念网络.

1. 函数单调性的代数表征

数学概念(定义)常常作为判定定理,同时作为性质定理来运用. 函数单调性的定义是判断(证明)函数单调性的最原始、最严格的理论依据,有些时候由定义(通过函数运算与复合)派生出的一些性质也可以作为定理加以运用. 比如,若$f(x)$是定义在$\mathbf{R}$上的增函数,则$y=f(x)-f(-x)$也是定义在$\mathbf{R}$上的增函数.

剖析函数单调性的概念,最重要的是领会以"任意两个"代替"变量的所有取值"的这种符号语言,而区间、代数式变形、实数运算符号等也都是单调性定义中需要斟酌体会的关键之处.下面特别强调函数单调性定义中的两个问题.

第一个问题是:是否只在某个区间上才能讨论函数单调性?

人教版和苏教版高中数学教材对单调性的定义是:一般地,设函数$y=f(x)$的定义域为A,区间$I\subseteq A$. 如果对于区间I内的任意两个值x_1,x_2,当$x_1<x_2$时,都有$f(x_1)<f(x_2)$(或$f(x_1)>f(x_2)$),那么就说$y=f(x)$在区间I上是单调增(或减)函数,I称为$y=f(x)$的单调增(或减)区间.

北师大版高中数学教材则指出:一般地,对于函数$y=f(x)$的定义域内的一个子集A,如果对于任意两数x_1,$x_2\in A$,当$x_1<x_2$时,都有$f(x_1)<f(x_2)$(或$f(x_1)>f(x_2)$),就称函数$y=f(x)$在数集A上是递增的(或递减的).

考虑到离散型函数(数列)也有单调性问题,因此在数集(而不仅仅是区间)上研究函数单调性更为合适.

第二个问题是:函数单调性定义中,$f(x_1)$与$f(x_2)$可以相等吗?

华东师大版《数学分析》教材中单调性的定义是:

设f为定义在数集D上的函数,若对任何x_1,$x_2\in D$,当$x_1<x_2$时,总有

(1) $f(x_1) \leqslant f(x_2)$，则称 f 为 D 上的增函数，特别当成立严格不等式 $f(x_1) < f(x_2)$ 时，称 f 为 D 上的严格增函数；

(2) $f(x_1) \geqslant f(x_2)$，则称 f 为 D 上的减函数，特别当成立严格不等式 $f(x_1) > f(x_2)$ 时，称 f 为 D 上的严格减函数.

实际上，高中数学中定义的"单调"，是高等数学中的"严格单调"，两者并不矛盾.

在"严格单调"的定义下，单调函数就具有了"x、y 一一对应"的特征，立即可以得到"单调函数必有反函数"、"单调函数若有零点，则零点是唯一的"等衍生结论，应用的范围就更广泛了.

例1：若函数 $f(x)$ 是定义在 $(0, +\infty)$ 上的单调函数，对任意 $x > 0$，都有 $f[f(x) - \lg x + 5] = 6$，求函数 $f(x)$ 的解析式.

解：由 $f(x)$ 是单调函数，可知 $f(x) - \lg x + 5$ 为常数，记 $f(x) - \lg x + 5 = A > 0$，则 $f(A) = 6$，而在 $f(x) - \lg x + 5 = A$ 中取 $x = A$，得 $f(A) = \lg A - 5 + A$，于是有 $\lg A - 5 + A = 6$，即 $\lg A + A = 11$.

函数 $g(x) = \lg x + x$ 是单调递增函数，且 $g(10) = 11$，故 $A = 10$，从而得 $f(x) = \lg x + 5$，验证知 $f(x) = \lg x + 5$ 满足题意.

例2：求证：方程 $\log_5(1 + \sqrt{x}) = \log_{16} x$ 有且仅有一个解.

解：令 $t = \log_5(1 + \sqrt{x}) = \log_{16} x$，则有 $\begin{cases} 1 + \sqrt{x} = 5^t, & ① \\ x = 16^t, & ② \end{cases}$ 将②代入①式，得 $1 + 4^t = 5^t$，即 $\left(\dfrac{1}{5}\right)^t + \left(\dfrac{4}{5}\right)^t = 1$.

设 $f(t) = \left(\dfrac{1}{5}\right)^t + \left(\dfrac{4}{5}\right)^t$，则 $f(t)$ 是减函数，而 $f(1) = 1$，所以方程 $\left(\dfrac{1}{5}\right)^t + \left(\dfrac{4}{5}\right)^t = 1$ 有且仅有一个解 $t = 1$，即原方程有且仅有一个解 $x = 16$.

2. 函数单调性的图形表征

要建构函数单调性的概念网络，需要在图形表征上沟通函数的单调性与函数图象的割线的斜率、切线的斜率、导数,甚至与函数的凹凸性的联系.

单调性、斜率与导数是3个不同的数学概念,分别在高中不同阶段学习.表面看似联系不甚紧密的3个概念,其实通过"变化率"这一核心概念得以建立起本质性联系.

函数单调性的判断"函数随着自变量的增加而增加,还是随着自变量的增加而减小",可变成以下易于操作的计算:考察$f(x_2)-f(x_1)$与x_2-x_1的符号是否相同,如果相同则函数就是递增的,否则函数就是递减的.进一步,可以转化为考察$\dfrac{f(x_2)-f(x_1)}{x_2-x_1}$的符号,此即函数的平均变化率.平均变化率$\dfrac{f(x_2)-f(x_1)}{x_2-x_1}$是函数图象上连接两点$(x_1,f(x_1))$和$(x_2,f(x_2))$的割线的斜率.所谓斜率,也就是因变量相对于自变量的变化的快慢程度,即$\dfrac{\Delta y}{\Delta x}=\dfrac{f(x_2)-f(x_1)}{x_2-x_1}$,这就是直线斜率的坐标定义,它反映了直线的倾斜程度.当自变量增加即$\Delta x>0$时,若因变量也随之增加,即$\Delta y>0$,则此时割线斜率$\dfrac{\Delta y}{\Delta x}>0$,函数单调递增;若因变量随之减少,即$\Delta y<0$,则此时割线斜率$\dfrac{\Delta y}{\Delta x}<0$,函数单调递减.

该割线的斜率也可以通过取极限,转化为函数在某区间内任意一点$(x_1,f(x_1))$处的切线斜率,此即函数在$x=x_1$处的导数$f'(x_1)=\lim\limits_{\Delta\to 0}\dfrac{\Delta y}{\Delta x}$.根据极限的保号性定理,当$\dfrac{\Delta y}{\Delta x}>0$时,导数非负,函数单调递增;当$\dfrac{\Delta y}{\Delta x}<0$时,导数非正,函数单调递减.

函数的凹凸性其实可以利用单调性来定义.比如"下凸"的定义是"不妨设$x_1<x_2$,若恒有$f\left(\dfrac{x_1+x_2}{2}\right)<\dfrac{f(x_1)+f(x_2)}{2}$,则称$f(x)$是下凸的".令$x_0=\dfrac{x_1+x_2}{2}$,对上

式变形,有 $f(x_0)-f(x_1)<f(x_2)-f(x_0)$,又 $x_0-x_1=x_2-x_0>0$,因此有 $\dfrac{f(x_1)-f(x_0)}{x_1-x_0}<\dfrac{f(x_2)-f(x_0)}{x_2-x_0}$,让 x_1,x_2 动起来,则这个式子指出"若斜率函数单调递增,则函数 $f(x)$ 是下凸的".

3. 函数单调性的知识网络

揣摩函数单调性的定义不难发现,函数单调性"天然"地与函数最值(极值、值域)、不等式、函数零点个数(方程)等建立了密切的联系.

比如,不等式链 $\dfrac{2}{\dfrac{1}{a}+\dfrac{1}{b}}<\sqrt{ab}<\dfrac{a+b}{2}(a,b\in\mathbf{R}^+,a\neq b)$ 可以通过巧妙构造函数 $f(x)=\dfrac{a^{x+1}+b^{x+1}}{a^x+b^x}(a,b\in\mathbf{R}^+,a\neq b)$ 来解释.因为 $f(x)=a+\dfrac{b-a}{1+\left(\dfrac{a}{b}\right)^x}$,讨论 $b>a$ 和 $b<a$ 两种情况,不难发现 $f(x)=\dfrac{a^{x+1}+b^{x+1}}{a^x+b^x}(a,b\in\mathbf{R}^+,a\neq b)$ 是增函数,所以 $f(-1)<f\left(-\dfrac{1}{2}\right)<f(0)$,即 $\dfrac{2}{\dfrac{1}{a}+\dfrac{1}{b}}<\sqrt{ab}<\dfrac{a+b}{2}$.

例3:(2012 年全国高中数学联赛)设 $f(x)$ 是定义在 $\mathbf{R}$ 上的奇函数,且当 $x\geq 0$ 时,$f(x)=x^2$.若对任意的 $x\in[a,a+2]$,不等式 $f(x+a)\geq 2f(x)$ 恒成立,则实数 a 的取值范围是_____.

解:易知 $f(x)=x|x|$ 在 $\mathbf{R}$ 上单调递增,而 $2f(x)=2x|x|=f(\sqrt{2}x)$,故 $f(x+a)\geq 2f(x)\Leftrightarrow f(x+a)\geq f(\sqrt{2}x)\Leftrightarrow x+a\geq\sqrt{2}x\Leftrightarrow(\sqrt{2}-1)x\leq a$,由

$(\sqrt{2}-1)x \leqslant a$ 对任意的 $x \in [a, a+2]$ 恒成立,得 $[(\sqrt{2}-1)x]_{\max} = (\sqrt{2}-1)(a+2) \leqslant a$,解得 $a \geqslant \sqrt{2}$.

若将函数单调性与奇偶性(对称性)联系起来,则会产生很多有趣的结论.比如:已知函数 $f(x)$ 是区间 D 上的单调递增的奇函数,若 $a, b \in D$,则

$$a+b>0 \Leftrightarrow f(a)+f(b)>0; \quad a+b<0 \Leftrightarrow f(a)+f(b)<0;$$
$$a+b=0 \Leftrightarrow f(a)+f(b)=0.$$

证明:因为 $f(x)$ 是区间 D 上单调递增的奇函数,所以

$$a+b>0 \Leftrightarrow a>-b \Leftrightarrow f(a)>f(-b) \Leftrightarrow f(a)>-f(b)$$
$$\Leftrightarrow f(a)+f(b)>0.$$

同理可证另外两个结论.

上述结论在高考和数学竞赛中,都有广泛的应用.

例4:已知函数 $f(x) = x^2 \cdot \sin x$,各项均不相等的数列 $\{x_n\}$ 满足 $|x_i| \leqslant \frac{\pi}{2}(i=1,2,3,\cdots,n)$.令 $F(n) = (x_1+x_2+\cdots+x_n) \cdot [f(x_1)+f(x_2)+\cdots+f(x_n)](n \in \mathbf{N}^*)$.

给出下列三个命题:

(1) 存在不少于 3 项的数列 $\{x_n\}$,使得 $F(n)=0$;

(2) 若数列 $\{x_n\}$ 的通项公式为 $x_n = \left(-\frac{1}{2}\right)^n (n \in \mathbf{N}^*)$,则 $F(2k)>0$ 对 $k \in \mathbf{N}^*$ 恒成立;

(3) 若数列 $\{x_n\}$ 是等差数列,则 $F(n) \geqslant 0$ 对 $n \in \mathbf{N}^*$ 恒成立.

请写出所有真命题的序号_____.

解:对于(1),取 $x_1 = -\frac{\pi}{3}$, $x_2 = -\frac{\pi}{6}$, $x_3 = \frac{\pi}{2}$ 即满足题意;

易证 $f(x)$ 是 $\left[-\frac{\pi}{2}, \frac{\pi}{2}\right]$ 上的单调递增的奇函数,故满足:对任意 $a, b \in$

$\left[-\dfrac{\pi}{2}, \dfrac{\pi}{2}\right]$, $a+b>0 \Leftrightarrow f(a)+f(b)>0$; $a+b<0 \Leftrightarrow f(a)+f(b)<0$; $a+b=0 \Leftrightarrow f(a)+f(b)=0$.

对于(2),显然有 $x_{2n-1}+x_{2n}<0$,故 $f(x_{2n-1})+f(x_{2n})<0(n=1,2,\cdots,k)$,从而有 $x_1+x_2+\cdots+x_{2k}<0$,$f(x_1)+f(x_2)+\cdots+f(x_{2k})<0$,所以 $F(2k)>0$;

对于(3),$x_1+x_n=x_2+x_{n-1}=\cdots=x_n+x_1$,故

$f(x_1)+f(x_n),f(x_2)+f(x_{n-1}),\cdots,f(x_n)+f(x_1)$ 均与 x_1+x_n 同号(或均等于0),所以有 $4F(n)=[(x_1+x_n)+\cdots+(x_n+x_1)]\cdot[(f(x_1)+f(x_n))+\cdots+(f(x_n)+f(x_1))]\geqslant 0$,即 $F(n)\geqslant 0$.

综上,真命题的序号为(1)(2)(3).

函数单调性刻画了自变量变化引起的函数值的变化趋势,在研究函数最值、函数零点个数、解(证)不等式等问题时,一旦明确了函数的单调性,则该函数的具体解析式往往失去了价值,纷繁复杂的各种函数都可以统一处理.这就是数学研究"以简驭繁"的"大道",即用规范的简单的事物来统一控制、研究复杂的事物.

拓展阅读与练习:

1. 方程 $\dfrac{2x+\sqrt{4x^2+1}}{x^2+1+\sqrt{(x^2+1)^2+1}}=10^{(x-1)^2}$ 的解为 _____.

解:原方程变形为 $\lg(2x+\sqrt{4x^2+1})-\lg(x^2+1+\sqrt{(x^2+1)^2+1})=(x-1)^2$,故

$$\lg(2x+\sqrt{4x^2+1})+2x=\lg(x^2+1+\sqrt{(x^2+1)^2+1})+x^2+1.$$

令 $f(x)=\lg(x+\sqrt{x^2+1})+x$,则 $f(x)$ 在 $[0,+\infty)$ 上是增函数,又 $f(x)$ 为奇函数,所以 $f(x)$ 为 **R** 上的增函数.由 $f(2x)=f(x^2+1)$,知 $2x=x^2+1$,故 $x=1$.

2. （2012年高考四川卷）设函数$f(x) = 2x - \cos x$. $\{a_n\}$是公差为$\dfrac{\pi}{8}$的等差数列,$f(a_1) + f(a_2) + \cdots + f(a_5) = 5\pi$,则$[f(a_3)]^2 - a_1 a_5 = $ _____.

解法1：$\cos a_1 + \cos a_5 = 2\cos\dfrac{\pi}{4}\cos a_3$, $\cos a_2 + \cos a_4 = 2\cos\dfrac{\pi}{8}\cos a_3$,

$$\sum_{k=1}^{5} \cos a_k = 2\left(\cos\dfrac{\pi}{4} + \cos\dfrac{\pi}{8} + \dfrac{1}{2}\right)\cos a_3.$$

$f(a_1) + f(a_2) + \cdots + f(a_5) = 5\pi$

$\Leftrightarrow 10 a_3 - 2\left(\cos\dfrac{\pi}{4} + \cos\dfrac{\pi}{8} + \dfrac{1}{2}\right)\cos a_3 = 5\pi.$

显然 $2\left(\cos\dfrac{\pi}{4} + \cos\dfrac{\pi}{8} + \dfrac{1}{2}\right)\cos a_3 \in (-5, 5),$

故 $a_3 = \dfrac{5\pi + 2\left(\cos\dfrac{\pi}{4} + \cos\dfrac{\pi}{8} + \dfrac{1}{2}\right)\cos a_3}{10} \in \left(\dfrac{\pi - 1}{2}, \dfrac{\pi + 1}{2}\right) \subsetneq (0, \pi),$

而 $g(x) = 10x - 2\left(\cos\dfrac{\pi}{4} + \cos\dfrac{\pi}{8} + \dfrac{1}{2}\right)\cos x$ 在$(0, \pi)$上是单调递增函数,

$g\left(\dfrac{\pi}{2}\right) = 5\pi$, 故 $a_3 = \dfrac{\pi}{2}$.

所以, $f^2(a_3) - a_1 a_5 = \pi^2 - \dfrac{\pi}{4} \cdot \dfrac{3\pi}{4} = \dfrac{13}{16}\pi^2$.

解法2：记 $b_n = a_n - \dfrac{\pi}{2}$, 则 $\{b_n\}$ 是公差为 $\dfrac{\pi}{8}$ 的等差数列,且

$$f(a_n) = 2\left(b_n + \dfrac{\pi}{2}\right) - \cos\left(b_n + \dfrac{\pi}{2}\right) = 2b_n + \sin b_n + \pi.$$

记 $g(x) = 2x + \sin x$, 则 $f(a_1) + f(a_2) + \cdots + f(a_5) = 5\pi \Leftrightarrow g(b_1) + g(b_2) + \cdots + g(b_5) = 0$. 易知 $g(x)$ 是奇函数,而 $g'(x) = 2 + \cos x > 0$, 故 $g(x)$ 在 **R** 上单调递增,于是对任意实数 a, b, 都有 $a + b > 0 \Leftrightarrow g(a) + g(b) > 0, a + b = 0 \Leftrightarrow g(a) + g(b) = 0, a + b < 0 \Leftrightarrow g(a) + g(b) < 0$.

若 $b_3 > 0$,则 $b_1 + b_5 = b_2 + b_4 = 2b_3 > 0$,故 $g(b_1) + g(b_5) > 0, g(b_2) + g(b_4) > 0, g(b_3) > 0$,从而有 $g(b_1) + g(b_2) + \cdots + g(b_5) > 0$,舍.

同理,若 $b_3 < 0$,则 $g(b_1) + g(b_2) + \cdots + g(b_5) < 0$,舍.

综上,$b_3 = 0$,即 $a_3 = \dfrac{\pi}{2}$,于是 $f^2(a_3) - a_1 a_5 = \pi^2 - \dfrac{\pi}{4} \cdot \dfrac{3\pi}{4} = \dfrac{13}{16}\pi^2$.

3. 求证:$(1+1)\left(1+\dfrac{1}{3}\right)\cdots\left(1+\dfrac{1}{2n-1}\right) > \sqrt{2n+1}$ ($n \in \mathbf{N}^*$).

证明: 记 $a_n = \dfrac{(1+1)\left(1+\dfrac{1}{3}\right)\cdots\left(1+\dfrac{1}{2n-1}\right)}{\sqrt{2n+1}}$,则

$$\dfrac{a_{n+1}}{a_n} = \dfrac{(1+1)\left(1+\dfrac{1}{3}\right)\cdots\left(1+\dfrac{1}{2n-1}\right)\left(1+\dfrac{1}{2n+1}\right)}{\sqrt{2n+3}} \cdot \dfrac{\sqrt{2n+1}}{(1+1)\left(1+\dfrac{1}{3}\right)\cdots\left(1+\dfrac{1}{2n-1}\right)}$$

$$= \dfrac{2n+2}{\sqrt{(2n+3)(2n+1)}} = \sqrt{\dfrac{4n^2+8n+4}{4n^2+8n+3}} > 1,$$

故 $\{a_n\}$ 是递增数列,$a_n \geq a_1 = \dfrac{2}{\sqrt{3}} > 1$,即 $(1+1)\left(1+\dfrac{1}{3}\right)\cdots\left(1+\dfrac{1}{2n-1}\right) > \sqrt{2n+1}$.

第7讲 最值：寻求最优解

在一群同类量中，若有一量大于其他的量，那么这个量称为这群量的极大；若有一量小于其他的量，那么这个量称为这群量的极小. 这样的极大极小称为**绝对极大极小**，在中学数学中通常称为**最值**（包括最大值和最小值）. 高等数学中的所谓**局部极大极小**，指的是在某个量的领域内的极大极小，统称为**极值**.

在某个区间内求函数的最值，只需要将各个极值和端点处的函数值加以比较，这些量中的最大（小）值即为函数在该区间上的最大（小）值. 最值问题是自然科学、工程技术、国民经济以及生活实践中常常遇到的，只是在问题的形式和性质上往往随具体情况而有所不同，因此最值问题是数学研究的一个重要对象.

欣赏最值，可以从最值问题的呈现形式和研究方法两大方面入手. 在数学发展史上，经典的最值问题层出不穷，将军饮马问题（距离最小）、米勒问题（视角最大）、等周问题等在中学数学习题中随处可见，最速降线问题等也是众所周知. 在高中数学中的最值问题，有时是以函数值域、数列最值、目标函数最值（线性规划）、不等式恒成立等形式呈现的；除了直接研究最值，有时还研究最大值与最小值的差，这实际上是考虑因变量的变化范围，具有一定的研究意义. 近些年来高考等重要考试中出现了一类考查函数奇偶性(对称性)的问题,却以最值问题的形式呈现,比如"求函数 $f(x) = \dfrac{(x+1)^2}{x^2+1} + \log_2(\sqrt{x^2+1}+x)$ 的最大值与最小值的和",这类问题没有研究意义(没有人关心最大值与最小值的和),而且偏离了研究最值问题的通性通法,不值得提倡.

1. 从一个等周问题谈最值问题的研究方法

除了少量具有几何背景的最值问题,可以考虑构造几何图形来处理外,几乎所有的最值问题都是通过建立函数模型,利用函数的单调性和不等式知识(尤其是均值不等式)加以研究的,而单调性的判断常常需要借助求导的方法. 先看一道清华大学的自主招生考试题(问题 1).

问题 1:正四棱锥的体积为 $\dfrac{\sqrt{2}}{3}$,求正四棱锥表面积的最小值.

此题将求函数最值的问题融入到简单几何体的背景中,解题的入口宽泛,从不同视角出发,可以得到各种有趣的解法;真理越"辨"越明,倘若能顺势剥丝抽茧、深入辨析,问题的本源也会逐渐显现出来.

方法 1:设正四棱锥的底面正方形的边长为 a,高为 h,则有 $a^2 h = \sqrt{2}$,侧面斜高为 $\sqrt{\left(\dfrac{a}{2}\right)^2 + h^2}$,其表面积为

$$S_{\text{表}} = a^2 + 4 \times \dfrac{1}{2} a \sqrt{\left(\dfrac{a}{2}\right)^2 + h^2} = a^2 + a\sqrt{a^2 + 4h^2}$$

$$= a^2 + \sqrt{a^4 + \dfrac{8}{a^2}} = a^2 + \sqrt{a^4 + \underbrace{\dfrac{1}{a^2} + \dfrac{1}{a^2} + \cdots + \dfrac{1}{a^2}}_{8\text{个}}}$$

$$\geqslant a^2 + \sqrt{9 \sqrt[9]{a^4 \cdot \dfrac{1}{a^{16}}}} \text{ (等号当且仅当 } a^4 = \dfrac{1}{a^2} \text{ 即 } a = 1 \text{ 时取得)}$$

$$= a^2 + \frac{3}{a^{\frac{2}{3}}} = a^2 + \frac{1}{a^{\frac{2}{3}}} + \frac{1}{a^{\frac{2}{3}}} + \frac{1}{a^{\frac{2}{3}}} \geq 4(\text{等号当且仅当 } a^2 = \frac{1}{a^{\frac{2}{3}}} \text{ 即 } a = 1 \text{ 时取得}),$$

所以,当底面边长为 1、高为 $\sqrt{2}$ 时,正四棱锥表面积最小,最小值为 4.

方法 1 巧妙拆项、两次使用多元均值不等式,并且等号能够同时取得,从而顺利得到表面积的最小值. 然而,这种巧妙也恰好是本题的难点所在——如何拆项? 第一次拆项的过程会影响第二次拆项,从而影响到两次均值不等式等号成立的条件,难道这只能靠难以捉摸的数学直觉吗?

回答是否定的,这两次拆项,不是凑出来的,而是算出来的! 为了叙述的方便,记 $x = a^2 > 0$,则问题 1 转化为

问题 2:求函数 $y = x + \sqrt{x^2 + \frac{8}{x}}(x > 0)$ 的最小值.

方法 2:(待定系数法)

$$y = x + \sqrt{x^2 + \frac{8}{x}} = x + \sqrt{x^2 + \underbrace{\frac{8}{nx} + \frac{8}{nx} + \cdots + \frac{8}{nx}}_{n \uparrow}} \quad \cdots\cdots\cdots\cdots\cdots ①$$

$$\geq x + \sqrt{(n+1)\left(\frac{8}{n}\right)^{\frac{n}{n+1}} x^{\frac{2-n}{n+1}}} = x + \sqrt{n+1}\left(\frac{8}{n}\right)^{\frac{n}{2(n+1)}} x^{\frac{2-n}{2(n+1)}}$$

$$= \underbrace{\frac{x}{n-2} + \frac{x}{n-2} + \cdots + \frac{x}{n-2}}_{n-2 \uparrow} +$$

$$\frac{1}{2\sqrt{n+1}}\left(\frac{8}{n}\right)^{\frac{n}{2(n+1)}} \underbrace{\left(x^{\frac{2-n}{2(n+1)}} + x^{\frac{2-n}{2(n+1)}} + \cdots + x^{\frac{2-n}{2(n+1)}}\right)}_{2(n+1) \uparrow} \quad \cdots\cdots\cdots\cdots ②$$

$$\geq 3n \cdot \sqrt[3n]{\frac{A^{2(n+1)}}{(n-2)^{n-2}}} \left(\text{其中 } A = \frac{1}{2\sqrt{n+1}}\left(\frac{8}{n}\right)^{\frac{n}{2(n+1)}}\right),$$

等号当且仅当 $\begin{cases} x^2 = \frac{8}{nx} \\ \dfrac{x}{n-2} = \dfrac{1}{2\sqrt{n+1}}\left(\dfrac{8}{n}\right)^{\frac{n}{2(n+1)}} x^{\frac{2-n}{2(n+1)}} \end{cases} \Leftrightarrow \begin{cases} x^3 = \dfrac{8}{n} \\ \dfrac{1}{n-2} = \dfrac{1}{2\sqrt{n+1}} \end{cases} \Leftrightarrow$

$\begin{cases} x = 1 \\ n = 8 \end{cases}$ 时取得,此时 $y_{\min} = 4$.

在①式中,如何拆 $\dfrac{8}{x}$ 尚不清楚,先假设拆成 n 项;②式中,为了使得拆项后使用均值不等式得到常数,所以要使得 x 与 $x^{\frac{2-n}{2(n+1)}}$ 分别拆项后的乘积中不含变量 x,自然想到将 x 拆成 $n-2$ 项、将 $x^{\frac{2-n}{2(n+1)}}$ 拆成 $2(n+1)$ 项. 引入系数 n 的好处,就是两次均值不等式等号成立的条件可以由解方程组得到,从而确保等号能同时成立,这也是在不等式问题中运用待定系数法的关键所在.

将 $n=8$ 代入方法 2 的解题过程,即得到方法 1;看起来精妙的拆项技巧,原来是可以由"笨"办法——待定系数法推算出来的!解题时,我们不但要"知其然",更要"知其所以然".

对于问题 2,从方程的方向思考,可以得到判别式法;从函数最值的方向思考,容易想到导数法. 再回到问题 1,以角度作为主变量,还会有新的解题思路.

方法 3:(函数与方程)$y = x + \sqrt{x^2 + \dfrac{8}{x}} \Leftrightarrow (y-x)^2 = x^2 + \dfrac{8}{x}(x<y) \Leftrightarrow y^2 - 2yx = \dfrac{8}{x}(x<y)$,即方程 $2y \cdot x^2 - y^2 x + 8 = 0$ 在 $(0, y)$ 内有解. ………③

关于 x 的二次函数 $Y = 2y \cdot x^2 - y^2 x + 8$ 的对称轴 $\dfrac{y}{4} \in (0, y)$,故③等价于 $\Delta = y^4 - 64y \geq 0 \Leftrightarrow y \geq 4$,当且仅当 $x = 1$ 时取等号.

值得一提的是,从式子结构分析,也较易想到这种判别式法:$y = x + \sqrt{x^2 + \dfrac{8}{x}}$ 是二次方程求根公式的结构,故 y 是关于 x 的方程 $y^2 - 2xy - \dfrac{8}{x} = 0$ 的根.

方法 4:(导数法)$f(x) = x + \sqrt{x^2 + \dfrac{8}{x}}$,故 $f'(x) = 1 + \dfrac{2x + \dfrac{-8}{x^2}}{2\sqrt{x^2 + \dfrac{8}{x}}}$,令

$f'(x)=0$,得 $\sqrt{x^2+\dfrac{8}{x}}=\dfrac{4}{x^2}-x\geqslant 0\Leftrightarrow x^2+\dfrac{8}{x}=\dfrac{16}{x^4}-\dfrac{8}{x}+x^2(0<x\leqslant\sqrt[3]{4})\Leftrightarrow x=1$.

在上述解方程的过程中,将等式改为不等式,易知:当 $x<1$ 时,$f'(x)<0$,$f(x)$ 单调递减;当 $x>1$ 时,$f'(x)>0$,$f(x)$ 单调递增,所以 $y_{\min}=f(1)=4$.

方法 5:设正四棱锥的高为 h,底面正方形的边长为 a,侧面与底面所成的二面角大小为 α,则有 $a^2h=\sqrt{2}$,$h=\dfrac{a}{2}\tan\alpha\Rightarrow a^3=2\sqrt{2}\cdot\cot\alpha$,斜高为 $\dfrac{a}{2}\sec\alpha$,

所以表面积 $S_{\text{表}}=a^2+4\cdot\dfrac{1}{2}a\cdot\dfrac{a}{2}\sec\alpha=a^2(1+\sec\alpha)$,

$\Rightarrow S_{\text{表}}^3=a^6(1+\sec\alpha)^3=8(1+\sec\alpha)^3\cot^2\alpha=\dfrac{8(1+\cos\alpha)^3}{\cos^3\alpha}\cdot\dfrac{\cos^2\alpha}{\sin^2\alpha}=\dfrac{8(1+\cos\alpha)^2}{\cos\alpha(1-\cos\alpha)}$,问题转化为求一个关于 $\cos\alpha$ 的函数的最值,可利用方法 4(或方法 3)的思路处理:记 $g(x)=\dfrac{(1+x)^2}{x(1-x)}$,则 $g'(x)=\dfrac{(x+1)(3x-1)}{x^2(1-x)^2}$,当 $x=\cos\alpha=\dfrac{1}{3}$ 时 $S_{\text{表}}$ 取得最小值.

在利用各种方法解决问题 1 或问题 2 之后,倘若就此偃旗息鼓,则是错过了一次深入探究的时机,没有充分挖掘本题所蕴含的价值. 其实,"正四棱锥"这个条件可以有多种变化,因此问题 1 可以有多个维度的推广.

首先是底面棱数的变化,由四棱锥可以推广到 n 棱锥.

推广 1:体积为 V 的正 n 棱锥,当且仅当棱锥的高 h 与底面正 n 边形的内切圆半径 r 满足 $h=2\sqrt{2}\cdot r$ 时,棱锥表面积取得最小值 $2\cdot\sqrt[3]{9V^2 n\tan\dfrac{\pi}{n}}$.

证明:设正 n 棱锥的高为 h,底面正多边形的边长为 a,内切圆半径为 r,底面积为 S,侧面与底面所成的二面角大小为 α,则有 $r=\dfrac{a}{2}\cot\dfrac{\pi}{n}$,$h=r\tan\alpha$,

$$V = \frac{1}{3}Sh = \frac{1}{3} \cdot \frac{1}{2}nar \cdot r\tan\alpha = \frac{1}{6}na\left(\frac{a}{2}\cot\frac{\pi}{n}\right)^2\tan\alpha = \frac{1}{24}n\left(\cot^2\frac{\pi}{n}\right)a^3\tan\alpha$$，所以表面积

$$S_{\text{表}} = \frac{1}{2}nar\left(1 + \frac{1}{\cos\alpha}\right) = \frac{1}{4}n\left(\cot\frac{\pi}{n}\right)a^2\left(1 + \frac{1}{\cos\alpha}\right)$$

$$\Rightarrow S_{\text{表}}^3 = \left(9V^2 n\tan\frac{\pi}{n}\right) \cdot \frac{(1+\cos\alpha)^2}{\cos\alpha(1-\cos\alpha)}.$$

由方法 5 知，当 $\cos\alpha = \frac{1}{3}$ 时 $(S_{\text{表}})_{\min} = 2 \cdot \sqrt[3]{9V^2 n\tan\frac{\pi}{n}}$，此时 $\tan\alpha = 2\sqrt{2}$，即得 $h = 2\sqrt{2} \cdot r$.

其次是几何体形状的变化，由正棱锥可以推广到直棱柱、圆锥和圆柱.

推广 2：体积为 V 的直 n 棱柱，当且仅当棱柱为正 n 棱柱且底面正 n 边形的内切圆半径 r 与棱柱高 h 满足 $h = 2r$ 时，棱柱表面积取得最小值 $3 \cdot \sqrt[3]{2V^2 n\tan\frac{\pi}{n}}$.

证明：这个结论的证明需要用到下面两个引理.

引理 1(平面等周定理)：周长为定值的凸 n 边形中，正 n 边形的面积最大；面积为定值的凸 n 边形中，正 n 边形的周长最小.

引理 2：若正 n 边形面积为 S，则周长 $C = 2\sqrt{nS\tan\frac{\pi}{n}}$.

回到推广 2，记直 n 棱柱的底面面积为 S，则表面积为

$$S_{\text{表}} = 2S + \frac{V}{S} \cdot C \geqslant 2S + \frac{V}{S} \cdot 2\sqrt{nS\tan\frac{\pi}{n}}$$

$$= 2S + \frac{V\sqrt{n\tan\frac{\pi}{n}}}{\sqrt{S}} + \frac{V\sqrt{n\tan\frac{\pi}{n}}}{\sqrt{S}} \geqslant 3 \cdot \sqrt[3]{2V^2 n\tan\frac{\pi}{n}},$$

当且仅当 $2S = \dfrac{V\sqrt{n\tan\dfrac{\pi}{n}}}{\sqrt{S}}$ 即 $S = \sqrt[3]{\dfrac{V^2 n\tan\dfrac{\pi}{n}}{4}}$，且棱柱为正棱柱时取等号.

记正棱柱高为 h，底面正 n 边形边长为 a，则内切圆半径 $r = \dfrac{a}{2}\cot\dfrac{\pi}{n}$，$S = n \cdot \dfrac{1}{2}a \cdot r$. 由 $S = \sqrt[3]{\dfrac{V^2 n\tan\dfrac{\pi}{n}}{4}}$ 得 $S^3 = \dfrac{S^2 h^2 n\tan\dfrac{\pi}{n}}{4} \Leftrightarrow \dfrac{S}{n} = \dfrac{h^2 \tan\dfrac{\pi}{n}}{4} \Leftrightarrow r^2\tan\dfrac{\pi}{n} = \dfrac{h^2\tan\dfrac{\pi}{n}}{4} \Leftrightarrow h = 2r$.

考虑到当 $n \to \infty$ 时，正 n 棱锥、正 n 棱柱变成了圆锥、圆柱，而 $\lim\limits_{n\to\infty} n\tan\dfrac{\pi}{n} = \lim\limits_{n\to\infty}\pi \cdot \dfrac{\tan\dfrac{\pi}{n}}{\dfrac{\pi}{n}} = \pi$，因此易得下面的两个结论：

推广 3：体积为 V 的圆锥，当且仅当母线 l 与底面半径 r 满足 $l = 3r$ 时表面积取得最小值 $2 \cdot \sqrt[3]{9\pi V^2}$.

推广 4：体积为 V 的圆柱，当且仅当母线 l 等于底面直径时表面积取得最小值 $3 \cdot \sqrt[3]{2\pi V^2}$.

最后，更进一步，不难想到：体积给定的几何体中，球体的表面积最小. 这时才恍然大悟，问题 1 的本源原来是立体等周问题啊！

2. 由一个最值问题比较数理方法的异同

极值（最值）问题是实现数理结合的最有效载体，很多涉及极值的问题，往往往都有物理和数学两种解决方案.其中,数学方法是以一定的物理概念和规律为基础,列出含有极值物理量的函数关系式,把物理问题转化为数学问题再进行解决;物理方法是通过所给问题与已有模型间的快速对比、校正,把当前问题转化为典型的物理模型后再进行解决.通过对极值问题的研究,来体会物理方法与数学方法的各自特征,可以开拓思维视野、提高利用数理结合来解决问题的能力.

问题3:在一个很大的湖边(湖岸边可看作一条直线)停放着一条小船,由于缆绳突然断开,小船被风刮跑,其方向与湖岸成15°角,速度为2.5 km/h,与此同时岸边有一人,从同一地点开始追赶小船,已知他在岸边跑的速度为4 km/h,在水中游的速度为2 km/h,问此人能否追上小船?

首先将问题数学化.如图7-1,A 为小船初始位置,AP 为湖岸,假设小船 T 小时后达到 C 点;而追赶者先沿湖岸 AP、后在 B 点下水追赶小船,只要追赶者到达 C 点所用时间不超过 T 小时,则说明此人能追上小船. 由题意,$AC = \dfrac{5}{2}T$.

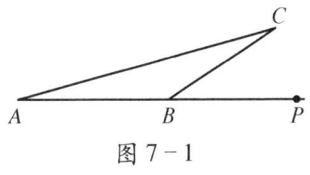

图7-1

接下来问题的处理有两种思考路径:一种路径是假设追赶者恰好耗时 T 小时追上小船,求出下水前(岸上)所用时间 T_0(利用余弦定理建立方程,求解二次方程),只要 $0 < T_0 < T$ 就能说明此人能追上小船;另一种路径是假设追赶者耗时 t 小时追上小船,求出 t 的最小值 $t_{\min}$,只要 $0 < t_{\min} < T$ 就能说明此人能追上小船.本讲只考虑后面一种思路:假设追赶者耗时 t 小时追上小船,若 $t_{\min} < T$,则说明此人能追上小船.

方法1:如图7-2,过 C 作 $CD \perp AP$ 于 D,则

$$CD = AC \cdot \sin 15° = \dfrac{5T\sin 15°}{2},$$

$$AD = AC \cdot \cos 15° = \dfrac{5T\cos 15°}{2}.$$

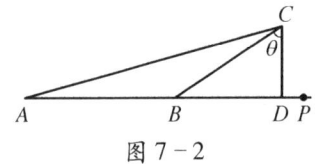

图7-2

设 $\angle BCD = \theta \left(0 < \theta < \dfrac{5\pi}{12}\right)$,则有 $BC = \dfrac{CD}{\cos\theta} = \dfrac{5T\sin 15°}{2\cos\theta}$,

$AB = AD - BD = \dfrac{5T\cos 15° - 5T\sin 15° \cdot \tan\theta}{2}$,故追赶者所用的时间为

$$t = \dfrac{5T\cos 15° - 5T\sin 15° \cdot \tan\theta}{8} + \dfrac{5T\sin 15°}{4\cos\theta}$$

$$= \dfrac{5T\cos 15°}{8} + \dfrac{5T\sin 15°}{8} \cdot \dfrac{2 - \sin\theta}{\cos\theta}. \quad\cdots\cdots ④$$

令 $f(\theta) = \dfrac{\sin\theta - 2}{\cos\theta} \left(0 < \theta < \dfrac{5\pi}{12}\right)$,则 $f(\theta)$ 可以看成定点 $(0, 2)$ 和单位圆上动点 $(\cos\theta, \sin\theta)$ 之间连线的斜率,不难得到:当 $\theta = \dfrac{\pi}{6}$ 时,$f(\theta)_{\max} = -\sqrt{3}$,即 $\dfrac{2 - \sin\theta}{\cos\theta}$ 的最小值为 $\sqrt{3}$,代入④式,得

$$t_{\min} = \dfrac{5T\cos 15° + 5T\sin 15° \cdot \sqrt{3}}{8} = \dfrac{5T\sin 45°}{4} = \dfrac{5\sqrt{2}\,T}{8} < T,\text{故此人能追上小船}.$$

方法 2:(利用等效速度)如图 7-3,过 A 作射线 AQ,使 $\angle PAQ = 30°$,过 B 作 $BE \perp AQ$ 于 E,则沿 AB 以 4 km/h 的速度追赶等效于沿 EB 以 2 km/h 的速度追赶,问题转化为此人沿路径 E-B-C 以 2 km/h 的速度追赶小船. 由图易得,当 E,B,C 在一条直线上时,路径最短,得最短时间为

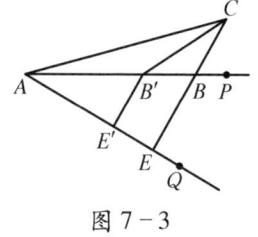

图 7-3

$$t = \dfrac{AC \cdot \cos(15° + 30°)}{2} = \dfrac{5\sqrt{2}}{8}T < T,\text{故此人能追上小船}.$$

联想到光学中的费马定律"光总是沿着光程最短的方向运动",可以类比光的全反射来思考,得到方法 3.

方法 3:(利用光的全反射定律)如图 7-4,将 AP 看成两种媒质的分界面,在第一种媒质中的光线 CB 以速度 2 km/h 传播到界面 AP,入射角为 $\angle CBM$;在

B 点处发生全反射,光线在第二种媒质中的速度为 4 km/h,则由全反射定律得 $\dfrac{\sin 90°}{4} = \dfrac{\sin \angle CBM}{2}$,易得 $\angle CBM = 30°$,从而有 $\angle ABC = 120°$,$\angle C = 45°$.

由正弦定理知 $\dfrac{AB}{\sin 45°} = \dfrac{BC}{\sin 15°} = \dfrac{AC}{\sin 120°}$,故得从 A 到 C 所用的时间 $t = \dfrac{AB}{4} + \dfrac{BC}{2} = \dfrac{5T\sin 45°}{8\sin 120°} + \dfrac{5T\sin 15°}{4\sin 120°} = \dfrac{5\sqrt{2}}{8}T < T$,故此人能追上小船.

比较问题 3 的三种方法不难发现,数学方法(方法 1)的关键是建立目标函数,反映出了由于变量变化而导致函数值变化的整个过程和趋势,但解答过程较为繁琐;而物理方法(方法 2、3)强调最终结果和状态,重点研究临界状态(比如方法 3 中的全反射条件),计算过程简洁明快.

拓展阅读与练习:

1. 利用物理知识求解最值问题.

很多数学问题源于物理学研究的需要,如三角问题、向量问题等,因而对于某些特殊的数学问题,还原为物理模型、直接利用物理知识求解显得更为自然、简捷.

试用物理知识求 $f(x) = \dfrac{a}{\sin x} + \dfrac{b}{\cos x}$ 的最小值,其中 $x \in \left(0, \dfrac{\pi}{2}\right)$,$a > 0$,$b > 0$.

解:如图 7-5,在相距为 $2R$ 的两点 A 和 B 分别固定有带正电的点电荷 $+Q_A$ 和 $+Q_B$,一带正电的检验电荷 $+q$ 在以 AB 为直径的圆周上移动,问检验电荷移至何处时,所具有的电势能最小?

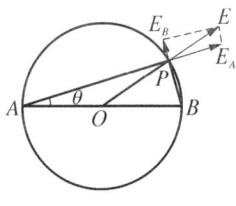

图 7-5

思路 1:在圆周上任取一点 P,求出 P 点电势的表达式,再根据 $W = qU$ 求电势能.检验电荷$+q$在电势最低点具有的电势能最小.

$$U_P = U_A + U_B = k\left(\frac{Q_A}{AP} + \frac{Q_B}{BP}\right) = k\left(\frac{Q_A}{2R\cos\theta} + \frac{Q_B}{2R\sin\theta}\right) = \frac{k}{2R}\left(\frac{Q_A}{\cos\theta} + \frac{Q_B}{\sin\theta}\right).$$

于是,问题实际上是求函数 $f(x) = \dfrac{a}{\sin x} + \dfrac{b}{\cos x}$ 的最小值.

思路2:从能量观点求电势能的最小值:要使电势能最小,则在移动$+q$的过程中电场力不再做正功,而电场力不做功的条件是物体的运动方向与场强方向垂直.由于点电荷作圆周运动,速度方向沿圆周的切线方向,故使AB两处的点电荷在P点的合场强方向沿半径方向即满足题意.根据几何关系得

$$\tan\theta = \frac{E_B}{E_A} = \frac{Q_B \cdot PA^2}{Q_A \cdot PB^2} = \frac{Q_B \cdot \cos^2\theta}{Q_A \cdot \sin^2\theta}.$$

所以当 $\tan^3\theta = \dfrac{Q_B}{Q_A}$ 时,$U_P = \dfrac{k}{2R}\left(\dfrac{Q_A}{\cos\theta} + \dfrac{Q_B}{\sin\theta}\right)$ 取最小值.

比较两个思路知,当 $\tan^3 x = \dfrac{a}{b}$ 时,$f(x) = \dfrac{a}{\sin x} + \dfrac{b}{\cos x}$ 取最小值 $f\left(\arctan\sqrt[3]{\dfrac{a}{b}}\right)$.

2. 求函数 $y = \sqrt{2x^2 - 3x + 2} + \sqrt{x^2 - x}$ 的最小值.

解:由 $\begin{cases} 2x^2 - 3x + 2 \geq 0, \\ x^2 - x \geq 0 \end{cases}$ 得函数的定义域为$(-\infty, 0] \cup [1, +\infty)$.

设 $f(x) = 2x^2 - 3x + 2 = 2\left(x - \dfrac{3}{4}\right)^2 + \dfrac{7}{8}$,$g(x) = x^2 - x = \left(x - \dfrac{1}{2}\right)^2 - \dfrac{1}{4}$.

因为当 $x \in (-\infty, 0]$ 时,$f(x)$单调递减,$g(x)$单调递减,所以当 $x \in (-\infty, 0]$ 时,$\sqrt{f(x)} + \sqrt{g(x)}$ 单调递减.同理 $x \in [1, +\infty)$ 时,$\sqrt{f(x)} +$

$\sqrt{g(x)}$ 单调递增.

又因为 $x = 0$ 时,$y = \sqrt{f(0)} + \sqrt{g(0)} = \sqrt{2}$;$x = 1$ 时,$y = \sqrt{f(1)} + \sqrt{g(1)} = 1$,所以函数 $y = \sqrt{2x^2 - 3x + 2} + \sqrt{x^2 - x}$ 的最小值是 1.

3. 函数 $f(x) = 2x^2 + (x - m)|x - m|$,对任意 $x \in [1, 2]$,不等式 $\dfrac{f(x)}{x} \geqslant 1$ 恒成立,求实数 m 的取值范围.

解:对任意 $x \in [1, 2]$,$\dfrac{f(x)}{x} \geqslant 1 \Leftrightarrow f(x) \geqslant x \Leftrightarrow 2x^2 - x + (x - m)|x - m| \geqslant 0.$

函数 $y = 2x^2 - x$ 在 $\left[\dfrac{1}{4}, +\infty\right)$ 上单调递增,$y = (x - m)|x - m|$ 在 **R** 上单调递增,故函数 $g(x) = 2x^2 - x + (x - m)|x - m|$ 在 $[1, 2]$ 上单调递增,故题目条件等价于 $g(x)_{\min} = g(1) \geqslant 0$,即 $1 + (1 - m)|1 - m| \geqslant 0$,解得 $m \leqslant 2$.

第8讲　距离：几何中的核心概念

距离是高中数学的核心概念,欣赏距离包括静态理解和动态赏析两个方面.

所谓静态理解数学概念,指的是：分析概念的定义形式、认识概念的本质、掌握概念的内涵与外延.内涵是概念性质的总称,外延是概念反映对象的全体构成的集合.通俗地说,认识数学概念就是让学生理解数学概念表述的是什么东西,这些东西有什么共性特征.

所谓动态赏析数学概念,指的是：通过比较、变化等联系性活动,动态地揭示其内涵和外延.因为随着数学知识的发展,数学概念的内涵和外延都是变化的.比如在函数的发展史中,函数的概念经历了流量说、变量说、映射说等,说明数学概念处于不断地运动发展状态.

1. 距离概念的内涵

大家在中学阶段学习了各种"距离"概念,平面几何中有"点到直线的距离"、"平行线之间的距离",立体几何中有"点面距离"、"线面距离"、"面面距离"、"异面直线间的距离"等等.各种"距离"概念字面定义都是特殊情况下的两点距离,比如"点面距离"是点到平面的垂线段的长度.只有通过分析比较才能揭示概念的本质,这些距离概念的内涵就是"两点距离的最小值",一般而言,两个点集之间的距离可以归结为这两个点集的元素之间距离的最小值.

历年高考题是复习教学的风向标,备受一线教师的关注,而近几年的高考题中体现"距离"概念内涵的问题屡见不鲜,为我们在复习中深入理解"距离"概念提供了丰富的素材.比如2011年高考上海卷理科第23题定义了"点到线段的距离":已知平面上的线段l及点P,在l上任取一点Q,线段PQ长度的最小值称为点P到线段l的距离,记作$d(P,l)$.

例1:(2012年高考浙江卷)定义:曲线C上的点到直线l的距离的最小值称为曲线C到直线l的距离.已知曲线$C_1: y = x^2 + a$到直线$l: y = x$的距离等于曲线$C_2: x^2 + (y+4)^2 = 2$到直线$l: y = x$的距离,则实数$a = $ _____.

解:观察图8-1,由题意可知,与直线$l: y = x$距离为$\sqrt{2}$的平行线$y = x + 2$与抛物线$C_1: y = x^2 + a$相切.联立$y = x + 2$、$y = x^2 + a$,消去y得$x^2 - x + a - 2 = 0$,利用$\Delta = 1 - 4(a-2) = 0$,解得$a = \dfrac{9}{4}$.

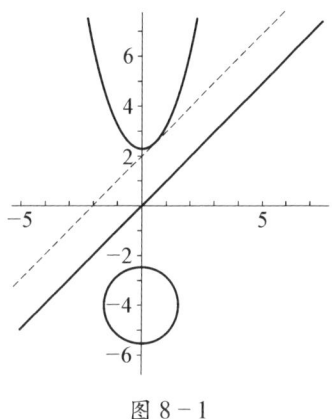

图8-1

2. 距离概念的外延

从概念外延角度看,球面距离和有向距离是"距离"概念常见的两个外延概念.此前提及的距离的本质都是两点之间的直线段长度,而球面距离则是球面上两点沿着球面上的任意路径中的曲线长度的最小值,前者对应着欧氏几何,后者对应着球面几何.有向距离通常用来判断两个点是否位于直线的同侧,比如点(x, y)到直线$ax + by + c = 0$的有向距离为$\delta = \dfrac{ax + by + c}{\sqrt{a^2 + b^2}}$.有向距离概念还可以与线性规划联系起来,从而也是命题的良好素材,比如:

例 2：设 $M(x_1, y_1)$、$N(x_2, y_2)$ 为不同的两点，直线 $l: ax + by + c = 0$，$\delta = \dfrac{ax_1 + by_1 + c}{ax_2 + by_2 + c}$，以下命题中正确的序号为 _____．

（1）不论 δ 为何值，点 N 都不在直线 l 上；

（2）若 $\delta = 1$，则过 M、N 的直线与直线 l 平行；

（3）若 $\delta = -1$，则直线 l 经过 MN 的中点；

（4）若 $\delta > 1$，则点 M、N 在直线 l 的同侧且直线 l 与线段 MN 的延长线相交．

解：对于（1），若点 N 在直线 $l: ax + by + c = 0$ 上，则 $ax_2 + by_2 + c = 0$，δ 不存在，故（1）正确；

记 $\delta_1 = \dfrac{ax_1 + by_1 + c}{\sqrt{a^2 + b^2}}$，$\delta_2 = \dfrac{ax_2 + by_2 + c}{\sqrt{a^2 + b^2}}$ 分别表示 M，N 到 l 的有向距离．

对于（2），$\delta_1 = \delta_2$，故过 M、N 的直线与直线 l 平行；

对于（3），$\delta_1 = -\delta_2$，故直线 l 经过 MN 的中点；

对于（4），$\delta_1 \delta_2 > 0$，$|\delta_1| > |\delta_2|$，故点 M、N 在直线 l 的同侧且直线 l 与线段 MN 的延长线相交．

故选（1）（2）（3）（4）．

分析"距离"概念的内涵和外延，可以将解析几何、立体几何、线性规划等知识模块有机联系起来，尤其在复习课上可以实现知识的前后贯通，帮助大家建立完整的概念网络．

3. 距离概念的发展与演变

数学概念的内涵和外延的变化发展或者新概念的产生，很多时候是由于"统一表述"的需要．例如，在数的概念中，"负数"的产生主要是因为统一"加减法"的需要，有了负数，数的加、减运算可以统一为加法运算．在负数被广泛接受之前，为了使方程"符合常理"，人们刻意把系数调整成正数，以至于在求解方程时,需要对等式两边的项数进行繁冗的分类讨论.随着负数得到认可,二、三次方程的求根公式变得简洁明了,人们也得以从"解方程比赛"的泥潭中抽身,转而关注更为本质的方程根式解问题,最终催生了对现代数学产生巨大影响的群论.

同样地,"距离"概念的变化发展,也是统一各种外延形式、不断抽象提炼的过程.比如,直角坐标其实就是点到两个坐标轴的有向距离,有了正负符号,更便于数学对象的表述和运算,解析几何方法的巨大"威力"才能显示出来.解析法的引入,使人们能够将经典平面几何的结论进行批量化的推广,而无需再顾忌线段的方向、角的顺逆等等细节问题.随着微积分和抽象代数的蓬勃发展,解析法逐步升级为黎曼几何与古典代数几何的内核.这一伟大的思想,最终演化为现代数学的基本思维方法之一,贯穿于分析、代数、几何三大数学分支中.

在学习中赏析"距离"概念,可以考虑抽象各种"距离"概念的共性特征,衍生出统一的"距离"定义:

设 X 是一个非空集, X 叫做距离空间,是指在 X 上定义了一个双变量的实值函数 $\rho(x, y)$,满足下列三个条件:

① $\rho(x, y) \geq 0$,而且 $\rho(x, y) = 0$,当且仅当 $x = y$;

② $\rho(x, y) = \rho(y, x)$;

③ $\rho(x, z) \leq \rho(x, y) + \rho(y, z)$ ($\forall x, y, z \in X$).

这里 ρ 叫做 X 上的一个距离,以 ρ 为距离的距离空间 X 记做 (X, ρ).

近些年来,符合上述统一的"距离"定义的"曼哈顿距离"受到了中学数学教育界的广泛关注,以此为背景的高考题也如雨后春笋般出现了.

例3:(2006年高考福建卷)对于直角坐标平面内的任意两点 $A(x_1, y_1)$, $B(x_2, y_2)$,定义它们之间的一种"距离": $\|AB\| = |x_2 - x_1| + |y_2 - y_1|$. 给出下列三个命题:① 若点 C 在线段 AB 上,则 $\|AC\| + \|CB\| = \|AB\|$;

② 在 $\triangle ABC$ 中,若 $\angle C = 90°$,则 $\|AC\|^2 + \|CB\|^2 = \|AB\|^2$;

③ 在 $\triangle ABC$ 中, $\|AC\| + \|CB\| > \|AB\|$.

其中真命题的个数为( )

(A) 0   (B) 1   (C) 2   (D) 3

解：记 $C(x_3, y_3)$，则当 $x_2 > x_3 > x_1$ 且 $y_2 > y_3 > y_1$ 时，

$|x_2 - x_3| + |y_2 - y_3| + |x_3 - x_1| + |y_3 - y_1| = |x_2 - x_1| + |y_2 - y_1|$，即 $\|AC\| + \|CB\| = \|AB\|$，故①真③假；对于命题②，不妨采取特殊化方法，取 $AB \parallel x$ 轴或 $AB \perp x$ 轴，易验证②为假命题.

例 4：（2010年高考广东卷）设 $A(x_1, y_1)$，$B(x_2, y_2)$ 是平面直角坐标系 xOy 上的两点，现定义由点 A 到点 B 的一种折线距离 $\rho(A, B)$ 为 $\rho(A, B) = |x_2 - x_1| + |y_2 - y_1|$. 对于平面 xOy 上给定的不同的两点 $A(x_1, y_1)$，$B(x_2, y_2)$，

（1）若点 $C(x, y)$ 是平面 xOy 上的点，试证明：$\rho(A, C) + \rho(C, B) \geq \rho(A, B)$；

（2）在平面 xOy 上是否存在点 $C(x, y)$，同时满足

① $\rho(A, C) + \rho(C, B) = \rho(A, B)$；② $\rho(A, C) = \rho(C, B)$.

若存在，请求出所有符合条件的点；若不存在，请予以证明.

解：（1）证明：$\rho(A, C) + \rho(C, B) = |x - x_1| + |y - y_1| + |x_2 - x| + |y_2 - y|$

$$\geq |(x - x_1) + (x_2 - x)| + |(y - y_1) + (y_2 - y)|$$

$$= |x_2 - x_1| + |y_2 - y_1| = \rho(A, B),$$

故 $\rho(A, C) + \rho(C, B) \geq \rho(A, B)$.

（2）不妨设 $x_1 \leq x_2$，对 $A(x_1, y_1)$，$B(x_2, y_2)$ 的不同位置，分情况讨论.

情形 1：$x_1 \neq x_2$，$y_1 = y_2$.

由②知 $x - x_1 = x_2 - x \Leftrightarrow x = \dfrac{x_1 + x_2}{2}$，即符合条件的点为 $\left(\dfrac{x_1 + x_2}{2}, y_1\right)$.

情形 2：$x_1 = x_2$，$y_1 \neq y_2$.

由②知 $y - y_1 = y_2 - y \Leftrightarrow y = \dfrac{y_1 + y_2}{2}$，即符合条件的点为 $\left(x_1, \dfrac{y_1 + y_2}{2}\right)$.

情形 3：$x_1 < x_2$，$y_1 \neq y_2$.

若 $y_1 < y_2$，则由①知 $(x - x_1)(x_2 - x) \geq 0$，$(y - y_1)(y_2 - y) \geq 0$，即 $x_1 \leq x \leq x_2$，$y_1 \leq y \leq y_2$. 由②知 $|x - x_1| + |y - y_1| = |x_2 - x| + |y_2 - y| \Leftrightarrow x -$

$x_1 + y - y_1 = x_2 - x + y_2 - y \Leftrightarrow x + y = \dfrac{x_1 + x_2 + y_1 + y_2}{2}$,符合条件的点的集合为

$$\left\{ (x, y) \mid x + y = \dfrac{x_1 + x_2 + y_1 + y_2}{2}, x_1 \leqslant x \leqslant x_2, y_1 \leqslant y \leqslant y_2 \right\}.$$

若 $y_1 > y_2$,则由①知 $(x - x_1)(x_2 - x) \geqslant 0$, $(y - y_1)(y_2 - y) \geqslant 0$,即 $x_1 \leqslant x \leqslant x_2$,$y_2 \leqslant y \leqslant y_1$.由②知 $|x - x_1| + |y - y_1| = |x_2 - x| + |y_2 - y| \Leftrightarrow x - x_1 + y_1 - y = x_2 - x + y - y_2 \Leftrightarrow x - y = \dfrac{x_1 + x_2 - y_1 - y_2}{2}$,符合条件的点的集合为

$$\left\{ (x, y) \mid x - y = \dfrac{x_1 + x_2 - y_1 - y_2}{2}, x_1 \leqslant x \leqslant x_2, y_2 \leqslant y \leqslant y_1 \right\}.$$

例 3 是"曼哈顿距离"首次进入高考,例 4 是高考压轴题首次以"曼哈顿距离"为背景,这两例的解答在众多资料中都可以寻到,这里不再赘述. 各地的高考题、模拟题中有关"曼哈顿距离"的问题层出不穷,最近的高考题中就有 2014 年高考福建卷文科第 12 题(以此距离概念为背景考查轨迹问题). "曼哈顿距离"将解析几何与绝对值性质、不等式证明等知识联系起来,考查了基本知识的综合运用能力,帮助同学们从整体的角度更好地理解高中数学的相关内容. 这类问题背景新颖,源于课本,又高于课本,在人才选拔方面有较好的区分功能,所以备受各地命题人的青睐.

就问题本身而言,"曼哈顿距离"还有延拓的空间:从维数上来说,我们可以构造三维的"曼哈顿距离":$|x_2 - x_1| + |y_2 - y_1| + |z_2 - z_1|$,从而建立立体几何与解析几何的联系;从次数上来说,"曼哈顿距离"与欧氏距离一样,是"闵可夫斯基距离"的特例,我们同样可以构造出 $\sqrt[3]{|x_1 - x_2|^3 + |y_1 - y_2|^3}$ 等各种距离;……在数学欣赏课上,整合以此类"距离"概念为背景的问题进行专题讲解,可以有效锻炼大家的数形结合能力、阅读理解和即时学习能力,同时还可以帮助我们升华对"距离"概念的理解和认识.

拓展阅读与练习：

1. 在平面直角坐标系中,定义 $d(P,Q) = |x_1 - x_2| + |y_1 - y_2|$ 为两点 $P(x_1, y_1)$, $Q(x_2, y_2)$ 之间的"折线距离",则圆 $x^2 + y^2 = 1$ 上一点与直线 $2x + y - 2\sqrt{5} = 0$ 上一点的"折线距离"的最小值是 _____.

解：设圆上的点 $P(\cos\theta, \sin\theta)$,则折线距离为 $\dfrac{2\sqrt{5} - \sin\theta}{2} - \cos\theta = \sqrt{5} - \dfrac{\sqrt{5}}{2}\sin\left(\theta + \arcsin\dfrac{2\sqrt{5}}{5}\right) \geqslant \dfrac{\sqrt{5}}{2}$.

2. 在平面直角坐标系中,设点 $P(x, y)$,定义 $[OP] = |x| + |y|$,其中 O 为坐标原点.

对于以下结论：

① 符合 $[OP] = 1$ 的点 P 的轨迹围成的图形的面积为 2;

② 设 P 为直线 $\sqrt{5}x + 2y - 2 = 0$ 上任意一点,则 $[OP]$ 的最小值为 1;

③ 设 P 为直线 $y = kx + b(k, b \in \mathbf{R})$ 上的任意一点,则"使 $[OP]$ 最小的点 P 有无数个"的必要不充分条件是"$k = \pm 1$".

其中正确的结论有 _____(填上正确的所有结论的序号)

解：对于 ①,画图(菱形)即得命题正确;

对于 ②,$[OP] = |x| + \left|1 - \dfrac{\sqrt{5}}{2}x\right|$,根据函数 $y = |x| + \left|1 - \dfrac{\sqrt{5}}{2}x\right|$ 的图象(折线,图略),得 $[OP]$ 的最小值为 $\dfrac{2}{\sqrt{5}} < 1$;

对于 ③,"使 $[OP]$ 最小的点 P 有无数个" $\Leftrightarrow |x| + |kx + b|$ 取最小值的点有无数个 $\Leftrightarrow |b| = \left|-\dfrac{b}{k}\right|$ 且 $b \neq 0 \Leftrightarrow k = \pm 1$ 且 $b \neq 0$.

故填①③.

3. 在平面直角坐标系中,定义 $d(A,B)=\max\{|x_1-x_2|,|y_1-y_2|\}$ 为两点 $A(x_1,y_1)$,$B(x_2,y_2)$ 的"切比雪夫距离". 又设点 P 及直线 l 上任一点 Q, 称 $d(P,Q)$ 的最小值为点 P 到直线 l 的"切比雪夫距离",记作 $d(P,l)$.

给出下列四个命题:

① 对任意三点 A, B, C,都有 $d(A,C)+d(C,B) \geq d(A,B)$;

② 到原点的"切比雪夫距离"等于 1 的点的轨迹是正方形;

③ 已知点 $P(3,1)$ 和直线 $l:2x-y-1=0$,则 $d(P,l)=\dfrac{4}{3}$;

④ 设定点 $F_1(-c,0)$, $F_2(c,0)$,动点 $P(x,y)$ 满足 $|d(P,F_1)-d(P,F_2)|=2a(2c>2a>0)$,则 P 点轨迹与直线 $y=k$(k 是一个常数)有且只有 2 个公共点.

其中真命题是_____.(写出所有真命题的序号)

解: 对于①,设 $A(x_1,y_1)$,$B(x_2,y_2)$,$C(x_3,y_3)$,则

$$d(A,C)+d(C,B)=\max\{|x_1-x_3|,|y_1-y_3|\}$$
$$+\max\{|x_3-x_2|,|y_3-y_2|\}$$
$$\geq |x_1-x_3|+|x_3-x_2| \geq |x_1-x_2|,$$

同理可得 $d(A,C)+d(C,B) \geq |y_1-y_2|$,故

$$d(A,C)+d(C,B) \geq \max\{|x_1-x_2|,|y_1-y_2|\}=d(A,B).$$

对于②,设轨迹上动点 $P(x,y)$,则 $d(O,P)=\max\{|x|,|y|\}=1$,等价于 $\begin{cases}|x|=1,\\|y|\leq 1\end{cases}$ 或 $\begin{cases}|x|\leq 1,\\|y|=1,\end{cases}$ 点 $P(x,y)$ 的轨迹是以原点为中心、边长为 2 的正方形.

对于③,设 $Q(x,2x-1)$ 为已知直线 l 上任意一点,则 $d(P,Q)=\max\{|x-3|,|2x-2|\}$,画出函数 $f(x)=\max\{|x-3|,|2x-2|\}$ 的图象(折线,图略),易得 $x=\dfrac{5}{3}$ 时函数取得最小值 $\dfrac{4}{3}$,即 $d(P,l)=\dfrac{4}{3}$.

对于④,$|\max\{|x+c|,|y|\}-\max\{|x-c|,|y|\}|=2a$,显然点 P 的

轨迹关于原点、x 轴、y 轴对称,故不妨设 $x \geq 0$, $y \geq 0$.

当 $\begin{cases} |x+c| \geq y, \\ |x-c| \geq y \end{cases}$ 时,有 $||x+c|-|x-c||=2a$,得 $\begin{cases} x=a, \\ 0 \leq y \leq a-c. \end{cases}$

当 $\begin{cases} |x+c| \leq y, \\ |x-c| \leq y \end{cases}$ 时,有 $0=2a$,无解.

当 $\begin{cases} |x+c| > y, \\ |x-c| < y \end{cases}$ 时,有 $x+c-y=2a$,$a < x$.

所以,点 P 的轨迹是以原点为中心的两支折线(如图 8-2 所示),与直线 $y=k$(k 是一个常数)有且只有 2 个公共点.

综上,真命题是①②③④.

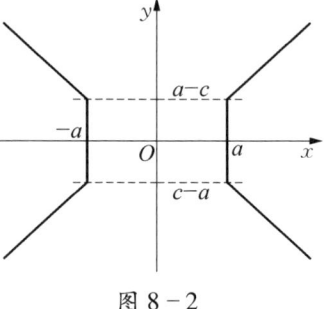

图 8-2

第 9 讲 角：中国古代数学文明的缺失

"角"作为刻画方向的度量，是几何的核心概念，贯穿于三角函数、向量、解析几何、立体几何等高中数学主干内容. 欣赏"角"的概念，可以构建起联系"最值"、"有向"、"斜率"、"距离"等概念的网络体系，促进数学理解的结构化，有效提高复习效率. 欣赏"角"概念，需要深入剖析概念的内涵和外延，揭示概念的多元表征. 特别需要关注的是，几何中"角"的概念是中国古代数学中所缺失的，从文化层面分析东西方文明对"角"概念的认识，可以从更高层面来审视数学的理性精神.

1. "角"概念的内涵与外延

1.1 "角"概念的内涵

"角"的静态定义是具有公共端点的两条射线组成的图形，两条直线的夹角（"线线角"）是两条直线所形成的锐角或直角. "线线角"是几何中"角"概念的基石，几何中所有"角"最终都可以归结为某个"线线角"，这是"角"概念的内涵. 下面以立体几何中直线与平面所成的角（"线面角"）、平面与平面所成的角（"面面角"）为例，从两个方面阐述对空间"角"概念的理解. 为了行文方便，记直线 m, n 的夹角为 $\langle m, n \rangle$，直线 l 与平面 α 所成的角为 $\langle l, \alpha \rangle$，平面 α 与平面 β 所成的角为 $\langle \alpha,$

$\beta\rangle$（若两个相交平面 α, β 所成的二面角中最小的为 θ，则称平面 α, β 成 θ 角），这些角的取值范围均为 $\left[0, \dfrac{\pi}{2}\right]$.

第一种理解："线面角""面面角"均可以看成是"线线角"的最值."线面角"是"线线角"中的最小角，即 $\langle l, \alpha\rangle = \min\{\langle l, m\rangle | m \subset \alpha\}$；"面面角"是"线面角"中的最大角，即 $\langle \alpha, \beta\rangle = \max\{\langle m, \beta\rangle | m \subset \alpha\}$. 为什么要用 $\max\{\langle m, \beta\rangle | m \subset \alpha\}$ 来定义"面面角"$\langle \alpha, \beta\rangle$ 呢？众所周知，要区别不同的"面面角"自然得利用它们之间的不同点（特性），而任意两个平面 α, β 对应的"线面角"的最小值 $\min\{\langle m, \beta\rangle | m \subset \alpha\}$ 都是零，只有"线面角"的最大值 $\max\{\langle m, \beta\rangle | m \subset \alpha\}$ 是随平面 α, β 的变化而不同的，也就是说 $\max\{\langle m, \beta\rangle | m \subset \alpha\}$ 是"面面角"的特性，所以用来度量平面 α, β 所成角的大小. 同样的道理，因为任意直线 l 与给定平面 α 内所有直线所成的"线线角"的最大值均为 $\dfrac{\pi}{2}$，只有 $\min\{\langle l, m\rangle | m \subset \alpha\}$ 是随直线 l 的变化而不同的，所以用"线面角"的特性 $\min\{\langle l, m\rangle | m \subset \alpha\}$ 来度量 l, α 所成角的大小.

从最值角度来理解"空间角"的概念，与"空间距离"（点面距离、线线距离、线面距离、面面距离等）就达成了形式上的统一. 从最值角度理解，也可以很好地阐释二面角的平面角的定义. 二面角作为两个半平面所构成的空间图形，其平面角与上文提及的"面面角"略有不同，两者相等或互补. 下面考虑二面角 $\alpha\text{-}l\text{-}\beta$ 的平面角是锐角的情形，此时二面角的平面角的大小即为两个平面所成的"面面角"$\langle \alpha, \beta\rangle$. 在棱 l 上任取一点 M，过点 M 分别在两个平面 α, β 内作棱的垂线 m, n，为什么定义 $\langle m, n\rangle$ 为二面角的平面角（也就是"面面角"$\langle \alpha, \beta\rangle$）？因为不难证明：当 $m \perp l$ 时，$\langle m, \beta\rangle$ 是 α 内所有直线与 β 所成的"线面角"中的最大角；当 $n \perp l$ 时，$\langle m, n\rangle$ 是 β 内所有直线与 m 所成的"线线角"中的最小角.

第二种理解："角"是刻画方向的几何量，而平面的方向是由其法线决定的，所以"面面角"可以由两个平面的法线来确定，"线面角"就可以由直线和平面的法线来确定，这样就将"面面角""线面角"最终转化为"线线角". 利用空间向量求空间角就是基于对"角"概念的这种理解.

历年高考题和名牌大学自主招生考试题是复习教学的风向标,备受一线教师的关注,而近几年的考题中体现"空间角"概念内涵的问题屡见不鲜,为我们在复习中深入理解"空间角"概念提供了丰富的素材.

例1:(2011年清华大学等高校自主招生考试)已知异面直线a,b成$60°$角,V为空间中一点,则过V与a,b都成$45°$角的平面( )

(A) 有且只有一个   (B) 有且只有两个

(C) 有且只有三个   (D) 有且只有四个

解: 因为平面过点V,所以只要确定平面的方向就确定该平面了. 我们考虑平面的法线l,由题意知l与a,b都成$45°$角. 平移直线不改变"线线角",所以问题转化为"已知两条相交直线a,b的夹角为$60°$,直线l过a,b的交点且与a,b的夹角均为$45°$,求直线l的条数."不难判断这样的直线l只有两条,故符合要求的平面只有两个,选B.

例1是"两条直线""一个平面"这三个元素之间所成角的问题,将"直线"和"平面"互换,可以得到很多变式问题,而解决的法门都是转化为"三条直线"之间的夹角问题.

变式:(1)已知平面α与直线m成$60°$角,求过空间一点V且与α,m都成$45°$角的直线l的条数;

(2)已知平面α与直线m成$60°$角,求过空间一点V且与α,m都成$45°$角的平面γ的个数;

(3)已知平面α,β成$60°$角,求过空间一点V且与α,β都成$45°$角的直线l的条数;

(4)已知平面α,β成$60°$角,求过空间一点V且与α,β都成$45°$角的平面γ的个数.

实际上,近些年的高考题中就有不少根源于"三条直线"之间的夹角问题的变式题:

(2004年高考湖北卷)已知平面α与β所成的二面角是$80°$,P为α,β外一定点,过点P的一条直线与α,β所成的角都是$30°$,则这样的直线有且仅有( )

(A) 1 条　　　　(B) 2 条　　　　(C) 3 条　　　　(D) 4 条

1.2 "角"概念的外延

"角"的动态定义是一条射线绕着它的端点从一个位置旋转到另一个位置所形成的图形,一旦规定了正角、负角和零角,就将角的概念推广到任意角. 这种"有向角"的定义,是"角"的外延概念,不仅可以自由表达更多的角(比如解析几何中直线 l_1 到 l_2 的角,直线的倾斜角是"到角"概念的特例),而且方便通过代数运算(比如加、减)来研究几何变换(比如对称、旋转)——"角"有了正负符号,就可以统一处理各种对称、旋转等几何变换而无需再顾及角的顺逆等细节问题.

有向角的运算与实数的运算类似,类比负数的加、减法不难理解有向角的加、减法. 若 $\beta>0$,则 $\alpha+\beta$ 理解为"从 x 轴正半轴为始边旋转 α 角、再从 α 的终边开始逆时针旋转 β 角所得的角";若 $\beta<0$,则 $\alpha+\beta$ 理解为"从 x 轴正半轴为始边旋转 α 角、再从 α 的终边开始顺时针旋转 $|\beta|$ 角所得的角". 另外,$\alpha-\beta$ 可以看成是 $\alpha+(-\beta)$.

例2:求与角 α 的终边关于直线 $y=x$ 对称的角的集合.

解:设角 β 的终边与角 α 的终边关于直线 $y=x$ 对称,而直线 $y=x$ 对应的角为 $k\pi+\dfrac{\pi}{4}(k\in Z)$,则根据对称性知 $\left(k\pi+\dfrac{\pi}{4}\right)-\alpha=\beta-\left(k\pi+\dfrac{\pi}{4}\right)\Rightarrow\beta=2k\pi+\dfrac{\pi}{2}-\alpha(k\in Z)$,即所求集合为 $\left\{\beta\mid\beta=2k\pi+\dfrac{\pi}{2}-\alpha,k\in Z\right\}$.

在"诱导公式"、"两角和与差的三角函数"等三角恒等式的推导过程中,在向量、复数、极坐标等跟角有关的问题中,都涉及有向角的加、减运算,因此有向角的运算在高中阶段是应用广泛的重要内容,而各版本高中数学教材中并没有对此进行专门研究. 用有向角来刻画几何变换(对称、旋转等)是认知难点,而理解有向角的运算原理是破解难点的法宝,因此高中数学教材应该增加"有向角的运算"内容,讲清楚其中的道理,而不是简单地默认有向角的运算与实数的运算类似.

2. "角"概念的多元表征

"角"这个几何概念通常是通过三角函数实现代数化并广泛应用于向量、复数、几何等数学分支中,比如利用空间向量求空间角("线线角""线面角""二面角")都是算出角的正(余)弦值后再求角的大小;而三角恒等式、三角函数性质也为后面通过代数化来研究涉及角的问题提供了技术工具和知识准备. 下面重点谈谈直线的倾斜角.

在解析几何中,倾斜角是用来刻画直线在直角坐标系中倾斜程度的量,其代数表征是"斜率",通过斜率就可以借助代数运算来研究几何问题了,这也是坐标法的本质.

关于倾斜角的代数化,值得探讨的问题是,为什么选取倾斜角的正切值来定义斜率? 这是教学中的关键问题,目前的数学教育文献中通常有以下两种解释:

第一,从三角函数本身的特性来看,正切函数在 $\left[0, \frac{\pi}{2}\right)$ 和 $\left(\frac{\pi}{2}, \pi\right)$ 上都是单调递增的,即无论是锐角还是钝角,都是倾斜角越大则斜率越大,体现了"斜率"这个代数表征与"角"这个几何对象之间的一一对应,而正弦、余弦函数都不具有这样的特性.

第二,从知识前后联系的角度来看,正切值与直线的平均变化率相关,最终与后续的"导数"概念保持了一致性. 另外,在现行的初中教学中,教师在讲授解三角形这一内容时,会涉及到坡度这一概念,而这一概念正是用上升量与前进量的比来定义的,即坡角的正切值. 因此用正切值来定义直线的斜率,刻画直线的倾斜程度,是在大家原有的知识结构中发展而来,与大家原有的认知吻合.

实际上,除了以上两种解释外,选取正切值来定义斜率的第三个原因是出于运算简便的考虑. 首先,根据直线上两点的坐标 (x_1, y_1),(x_2, y_2) 最容易得到倾斜角的正切值 $\dfrac{y_1 - y_2}{x_1 - x_2}$. 其次,差(和)角的正切可以由各自的正切得到,即

$\tan(\alpha-\beta)=\dfrac{\tan\alpha-\tan\beta}{1+\tan\alpha\tan\beta}$，这样两条直线的夹角(正切值)就可以由它们的斜率确定，而正(余)弦都不具备这样的优点.

斜率是解析几何中的核心概念，可以通过斜率将圆、二次曲线等统一起来.

例3：已知 $A(-a,0)$ 和 $B(a,0)$ 是平面直角坐标系中的两点，动点 $P(x,y)$ 分别与两定点连线.

(1) 若所得直线的斜率之积是 -1，则动点 $P(x,y)$ 的轨迹方程为 $x^2+y^2=a^2(y\neq 0)$；

(2) 若所得直线的斜率之积是 $-\dfrac{b^2}{a^2}$，则动点 $P(x,y)$ 的轨迹方程为 $\dfrac{x^2}{a^2}+\dfrac{y^2}{b^2}=1(y\neq 0)$；

(3) 若所得直线的斜率之积是 $\dfrac{b^2}{a^2}$，则动点 $P(x,y)$ 的轨迹方程为 $\dfrac{x^2}{a^2}-\dfrac{y^2}{b^2}=1(y\neq 0)$；

(4) 已知 $A\left(0,-\dfrac{p}{2}\right)$ 和 $B\left(0,\dfrac{p}{2}\right)$ $(p>0)$ 是平面直角坐标系中的两点，动点 $P(x,y)$ 分别与两定点连线，所得连线的斜率的平方差为1，则动点 $P(x,y)$ 的轨迹方程为 $x^2=2py(y\neq 0)$.

3. "角"概念的文化意蕴

中国古代数学文明缺乏演绎几何学的研究，特别是没有形成角的概念，没有角度的大小度量制度.至于三角比、三角学等就更谈不上了.而欧洲的古代数学中有角的概念，并且有关于角的有关命题的严格体系，比如《几何原本》中的命题15是"对顶角相等"，证明如下：如图9-1，$A+C$ 是平角，$B+C$ 也是平角，然后根据公理3("等量减等量，其差相等")，

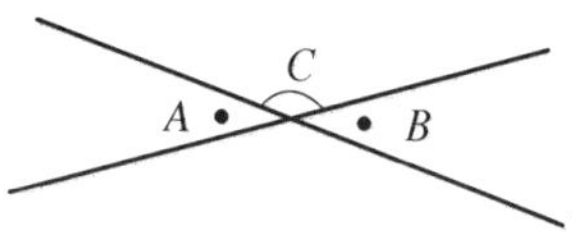

图9-1

所以 $A=B$. 据历史考证,最早使用这一方法的是公元前 7 世纪古希腊数学家泰勒斯,这里,重要的价值不在"对顶角相等"的命题本身,而在于泰勒斯提供了不凭直观和实验的逻辑证明.

古希腊人对于"对顶角相等"命题也要严格证明,而中国古代没有形成"角"概念,两者的巨大差异其实反映着两种文化和政治文明.

古希腊是奴隶制国家. 当时希腊的雅典城邦实行奴隶主民主政治,由男性公民组成的民众大会有权制定法律,处理财产、祭祀、军事等问题(注意:广大的奴隶、妇女、外来人不能享受民主权利). 奴隶主的民主政治,和皇帝君王独裁的政治,是有所区别的. 古希腊的奴隶主民主政治,彼此间的不同意见需要用理由说服对方,于是学术上的辩论风气随之兴起. 为了证明自己坚持的是真理,就需要证明. 于是,古希腊的学术,不仅要解决真理"是什么(What)"的问题;还要回答"为什么(Why)"的问题,"唯理论"的学术风气很盛. 在这样的政治文化氛围中,数学也就不仅要回答"什么是数学真理",还必须回答"为什么"它是数学真理. 于是"对顶角相等"命题的证明就是可以理解的了,试想:为了证明自己的学问是真理,先设一些人人皆同意的"公理",规定一些名词的意义,然后把要陈述的命题,成为公理的逻辑推论,岂不是很有说服力吗?

而中国的古代数学,多半以"官方文书"的形式出现,目的是为了丈量田亩、分配劳力、计算税收、运输粮食等国家管理的实用目标,虽然中国古代社会也说理,却没有古希腊那样的"自由学术辩论",唯理论没有形成大的风气. 因此,中国古代没有用公理方法进行学术探讨的传统. 文化上的差异,导致了数学上的分别. 中国没有产生"角"概念,但是有"规矩",其实"矩"就代表着直角,而直角具有较广泛的实用价值.

对于古希腊用公理化体系表达科学真理的方法,后人称它为"理性思维"的一种最高形式. 徐光启在翻译《几何原本》时,对几何学所体现的数学理性精神感到由衷的欣赏和强烈的心灵震撼. 在《刻几何原本序》中,他认为对于几何学提供的知识,有四不必:"不必疑,不必揣,不必试,不必改";有四不可得:"欲脱之不可得,欲驳之不可得,欲减之不可得,欲前后更置之不可得". 徐光启作为首先接触这一严密逻辑体系的中国人,他敏感地觉察到这种定理体系的叙述和中国古代数学著作的本质区别.

拓展阅读与练习:

1. 米勒问题.

米勒(Johannes Müller,1436—1476),德国数学家,他于1471年提出一个视角最大问题,用数学语言可以表述为:在已知直线 l 的同侧有 P,Q 两定点,在直线 l 上求一点 M,使得点 M 对 P,Q 两点的张角 θ 最大,即 $\angle PMQ$ 最大.

米勒问题是数学史上一个经典的极值问题,自1986年进入全国高考以来,一直"活跃"在各种重要考试中.下面是2005年高考天津卷试题:

某人在一山坡 P 处观看对面山顶上的一座铁塔,如图9-2所示,塔高 $BC = 80$(米),塔所在的山高 $OB = 220$(米),$OA = 200$(米),图中所示的山坡可视为直线 l 且点 P 在直线 l 上,l 与水平地面的夹角为 α,$\tan \alpha = \dfrac{1}{2}$,试问此人距水平地面多高时,观看塔的视角 $\angle BPC$ 最大.(不计此人的身高)

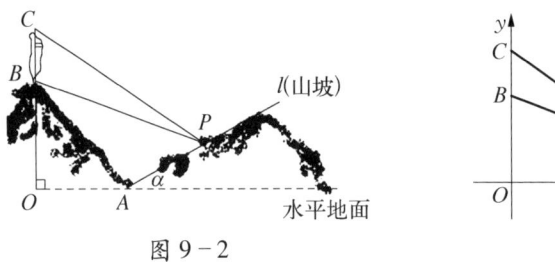
图9-2
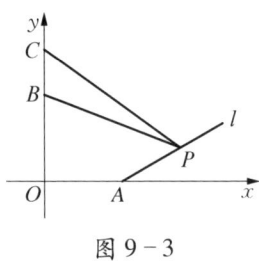
图9-3

解:(方法1)如图9-3所示,建立平面直角坐标系,则 $A(200,0)$,$B(0,220)$,$C(0,300)$,且直线 l 的方程为 $y = \dfrac{1}{2}(x - 200)$.

设 $P\left(x, \dfrac{x-200}{2}\right)$ $(x \geq 200)$,则由经过两点的直线的斜率公式得

$$k_{PC} = \frac{\frac{x-200}{2} - 300}{x} = \frac{x-800}{2x}, \quad k_{PB} = \frac{\frac{x-200}{2} - 220}{x} = \frac{x-640}{2x}.$$

由 P、B、C 三点不共线且 $PB^2 + PC^2 > OA^2 + OA^2 = 80\,000 > 80^2 = BC^2$，得 $0 < \angle BPC < \frac{\pi}{2}$.

由直线 PC 到直线 PB 的角的公式，得

$$\tan \angle BPC = \frac{k_{PB} - k_{PC}}{1 + k_{PB} \cdot k_{PC}} = \frac{\frac{160}{2x}}{1 + \frac{x-800}{2x} \cdot \frac{x-640}{2x}}$$

$$= \frac{64x}{x^2 - 288x + 160 \times 640}$$

$$= \frac{64}{x + \frac{160 \times 640}{x} - 288} > 0, \quad x > 200.$$

而 $x + \frac{160 \times 640}{x} - 288 \geq 2\sqrt{160 \times 640} - 288$，当且仅当 $x = \frac{160 \times 640}{x}$，即 $x = 320$ 时等号成立，此时 $\tan \angle BPC$ 最大. 又因为 $0 < \angle BPC < \frac{\pi}{2}$，所以当 $x = 320$ 时，$\angle BPC$ 最大，此时此人距水平地面 $\frac{320-200}{2} = 60$ 米.

（方法 2）如图 9-4，过点 B、C 作圆 M 与直线 l 相切，切点为 P，显然圆 M 是过点 B、C 的圆中半径最小的. 由正弦定理 $\frac{BC}{2R} = \sin \angle BPC$ 知 $\sin \angle BPC$ 最大，而 $\angle BPC$ 为锐角，故此时 $\angle BPC$ 最大.

由直线 l 的方程 $y = \frac{1}{2}(x - 200)$，得 $Q(0,$

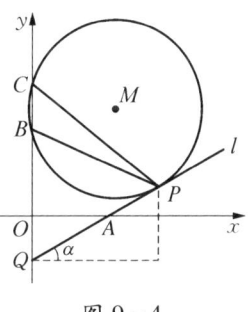

图 9-4

$-100) \Rightarrow |QB|=320, |QC|=400.$

由圆的切割线定理,得 $|QP|^2=|QB||QC| \Rightarrow |QP|=160\sqrt{5}$,故

$$y_P=|QP|\sin\alpha-|OQ|=160\sqrt{5}\cdot\frac{1}{\sqrt{5}}-100=60.$$

所以,此人距水平地面60米时,观看塔的视角$\angle BPC$最大.

2. (2009年高考重庆卷)已知二面角$\alpha-l-\beta$的大小为$50°$,P为空间中任意一点,则过点P且与平面α和平面β所成的角都是$25°$的直线的条数为( )

(A) 2　　　　(B) 3　　　　(C) 4　　　　(D) 5

解：由题意,过点P的直线l与平面α,β的法线a,b都成$65°$角,故问题转化为"已知两条相交直线a,b的夹角为$50°$,直线l过a,b的交点且与a,b的夹角均为$65°$,求直线l的条数."不难判断这样的直线l只有3条,故选B.

3. (2015年高考上海卷)已知点A的坐标为$(4\sqrt{3},1)$,将OA绕坐标原点O逆时针旋转$\frac{\pi}{3}$至OB,则点B的纵坐标为( )

(A) $\frac{3\sqrt{3}}{2}$　　(B) $\frac{5\sqrt{3}}{2}$　　(C) $\frac{11}{2}$　　(D) $\frac{13}{2}$

解：由题意可知$|OA|=\sqrt{(4\sqrt{3})^2+1^2}=7$,所以$\sin\angle AOx=\frac{1}{7}$,$\cos\angle AOx=\frac{4\sqrt{3}}{7}$,由任意角三角比的定义可知：

$$y_B=|OB|\sin\left(\angle AOx+\frac{\pi}{3}\right)=|OA|\sin\left(\angle AOx+\frac{\pi}{3}\right)$$
$$=7\left(\sin\angle AOx\cdot\cos\frac{\pi}{3}+\cos\angle AOx\cdot\sin\frac{\pi}{3}\right)=\frac{13}{2},$$

选择D.

本题的解法很多,利用有向角刻画"旋转"应该是最本质的方法.

第 10 讲 对称:深刻的结构和思想

对称是一个十分宽泛的概念,它出现在数学教材中,也存在于日常生活中,能在文学意境中感受它,也能在建筑物、绘画艺术、日常生活用品中看到它,更存在于大自然的深刻结构中. 数学对象如数、式、方程、集合、运算、概念、命题等都是现实对象的模型,对称也体现在这些模型中;对称也是创造数学的一种思想方法,反映人们对美、和谐、平衡、匀称的诉求.

在高中阶段,对于对称性的研究,一是通过函数来进行研究,比如特殊的轴对称——偶函数,特殊的中心对称——奇函数,某函数 $f(x)$ 关于直线 $x = a$ 对称的量化特征 $f(a + x) = f(a - x)$ 等;二是通过方程来进行研究,主要研究点、直线、曲线关于某点或某直线的对称性,这又包括两个方面,一方面是研究图形自身呈现出的对称性,如椭圆关于长轴、短轴和中心的对称性,另一方面是研究两个图形关于某点或某直线的对称性. 围绕定性与定量、轴对称与中心对称、函数与方程等视角,便可建构起较为完整的关于对称性的纵横联系的知识结构图.

本讲我们一起来欣赏对称.

1. 代数中的对称

首先是数与式的对称性. 数字"22""121"等是回文数,结构上蕴含着对称性."共轭"概念也蕴含着对称性,可以看成对称概念的拓广.比如: $a+\sqrt{b}$, $a-\sqrt{b}(b \geq 0)$ 是一对共轭根式; $a+bi$, $a-bi$ 是一对共轭复数,引进共轭复数后有一个漂亮的结果(实系数方程的根成对出现).更一般地,数论中的奇数和偶数(从奇偶性上区分)、质数与合数(从可分解性上区分)、互为相反数的正数与负数也可视为对称关系.

韦达定理是代数中对称美的一个重要标志, $a_0 x^n + a_1 x^{n-1} + \cdots + a_n = 0$, $a_0 \neq 0$ 有 n 个根,可以用系数表示形如 $x_1 + x_2 + \cdots + x_n$, $x_1 x_2 + \cdots + x_1 x_n + x_2 x_3 + \cdots + x_2 x_n + \cdots + x_{n-1} x_n$ 的多项式.这些多项式中,不论把哪两个根对换一下,也就是不管作怎样的排列,多项式都不变,称为对称多项式.计算三角形面积的海伦公式也是以对称多项式的形式出现的, $s = \sqrt{p(p-a)(p-b)(p-c)}$, p 为三角形的半周长.很多三角公式,如 $\sin(\alpha+\beta) = \sin \alpha \cos \beta + \cos \alpha \sin \beta$ 都表现了对称."="可看作对称的符号,各种类型的方程,如代数方程、三角方程等表示其两端所联系的数量、函数等对象所成的组合在数值上是相等的.

其次是运算的对称.数学有三种基本结构:序结构、代数结构、拓扑结构.代数结构对应着"运算关系".从运算角度看:加与减、乘与除、乘幂与开方、指数与对数、微分与积分、矩阵与逆矩阵等,这些互逆运算都可以看作一种"对称"关系,它们相反而相成.函数与反函数也是一种"对称",它们的图象关于直线 $y=x$ 对称.运算也是一种对应、映射.对应可看作广义的对称,笛卡尔建立了方程与几何图形的对应关系,康托建立了实数与数轴的对应关系,推动了数学的发展.

再次是命题的对称性."对偶"关系也是一种"对称".从命题的角度看,原命题与逆命题、否命题与逆否命题等也存在"对称"关系.从逻辑关系看,充要条件只是两个相关命题在对称意义下的转移和变换."体积一定的几何体以球的表面积最小"与"表面积一定的几何体以球的体积最大"是对偶命题.在射影几何中,点和直线之间建立了对偶关系,进而有对偶原理:平面几何的定理中,如果把点换成直线,直线换成点,并把诸种关系换成相应的对偶关系,所得到的新命题依然成立.集合论中的棣莫弗公式就是关于差集的对偶原理.尽管数学概念一次次地扩张,若能掌握这种对称(偶)性,就能从整体上把握数学结构,高屋建筑,达到和谐、统一.

最后是某些代数的结论反映了几何上的对称性. 比如,三角函数中的诱导公式反映了单位圆上点的对称性;奇函数的图象关于原点对称,偶函数的图象关于 y 轴对称,恒等式 $f(a+x)+f(a-x)=2b$ 说明函数 $f(x)$ 的图象关于点 (a,b) 对称;平面曲线 L 是用该曲线上点的坐标 x,y 所满足的方程 $f(x,y)=0$ 表示的,若对于任意的点 $(x,y) \in L$,必有 $(-x,y) \in L$ 满足 $f(-x,y)=0$,即 $f(-x,y)=f(x,y)$,则称曲线 L 关于 y 轴对称,于是将曲线 $L:f(x,y)=0$ 的对称性归结为讨论函数 $f(x,y)$ 的对称性.

下面我们讨论一类对称不等式的证明.

例1:设 $a,b,c \in \mathbf{R}^+$,求证:$\dfrac{1}{2a}+\dfrac{1}{2b}+\dfrac{1}{2c} \geqslant \dfrac{1}{b+c}+\dfrac{1}{c+a}+\dfrac{1}{a+b}$.

分析:这是一个完全对称不等式,a,b,c 中任意对换其中的两个字母,所得的不等式不变. 对于完全对称不等式,通常的处理方法有:给变量排序(不妨设 $a \geqslant b \geqslant c$),利用多个结构完全相同的二元不等式,通过叠加、相乘得到要证的不等式.

证明:由 $\left(\dfrac{1}{a}+\dfrac{1}{b}\right)(a+b) \geqslant 4$ 得 $\dfrac{1}{a}+\dfrac{1}{b} \geqslant \dfrac{4}{a+b}$,同理 $\dfrac{1}{b}+\dfrac{1}{c} \geqslant \dfrac{4}{b+c}$,$\dfrac{1}{c}+\dfrac{1}{a} \geqslant \dfrac{4}{c+a}$,三式相加即得 $\dfrac{1}{2a}+\dfrac{1}{2b}+\dfrac{1}{2c} \geqslant \dfrac{1}{b+c}+\dfrac{1}{c+a}+\dfrac{1}{a+b}$.

对于完全对称的不等式,常常是在各变量相等时等号成立,这为不等式的证明提供了一种思路;同样的,完全对称式往往也是在各变量相等时取到最值. 不过,凡事都有例外.

例2:已知 $a,b \in \mathbf{R}^+$,$a+b=4$,求 $\dfrac{a}{a^2+1}+\dfrac{b}{b^2+1}$ 的最大值.

解:$\dfrac{a}{a^2+1}+\dfrac{b}{b^2+1}=\dfrac{ab^2+a+a^2b+b}{a^2b^2+a^2+b^2+1}=\dfrac{(a+b)(ab+1)}{a^2b^2+(a+b)^2-2ab+1}$

$=\dfrac{4(ab+1)}{a^2b^2-2ab+17}$.

令 $t = ab + 1 > 1$,则

$$\frac{a}{a^2+1} + \frac{b}{b^2+1} = \frac{4t}{(t-1)^2 - 2(t-1) + 17} = \frac{4t}{t^2 - 4t + 20} = \frac{4}{t + \frac{20}{t} - 4}$$

$$\leq \frac{4}{4\sqrt{5} - 4} = \frac{\sqrt{5}+1}{4},$$

当且仅当 $t = 2\sqrt{5}$ 即 $ab = 2\sqrt{5} - 1$ 时取等号.

显然此时 a, b 并不相等,否则 $a = b = 2$, $ab = 4$.

所以,对于完全对称式的问题,还得具体问题具体分析.

2. 几何中的对称

几何的根本在于空间的基本结构和基本性质,而平直性和对称性就是几何的基本性质. 在平面上、空间中,可以考虑关于点的对称、线的对称、面的对称. 圆关于圆心是中心对称的,关于任意一条直径所在的直线是轴对称的;正方形关于其中心是中心对称的,关于对角线、对边中点的连线是轴对称的;球关于球心是中心对称的,关于任意一条直径所在的直线是轴对称的(正如毕达哥拉斯所说:"一切立体图形中最完美的是球形,一切平面图形中最完美的是圆."它们在各个方向上都是对称的). 等腰三角形是轴对称的;圆柱、圆锥、旋转曲面、椭球面等这些图形都是轴对称图形;平面区域和空间区域的对称常归结为围成这些区域的边界曲线和边界曲面的对称性,但最终归结为构成这些曲线和曲面的点的对称性.

正多面体关于点、线、面的几何对称性,不仅给我们以美的享受,还体现出"变量"的某种对称性,而后者给我们论证与计算带来极大的方便. 什么是对称呢?人们常说圆比正方形更对称,正方形比梯形更对称,正六边形比正三角形更对称. 可以这样理解,具有某种对称性的图形,就是经过某些刚体运动后仍能回到自身的图形. 例如,圆经过绕圆心的任意旋转以及以任何过圆心的直线为镜面的反射都能回到自身,正方形绕其中心旋转 $\frac{\pi}{2}$, π, $\frac{3\pi}{2}$, 2π 或以其对角线

和对边中点连线的反射才能回到自身,而梯形就更差了,它只有绕其中心旋转 $2k\pi$ 才能回到自身.因此,对称是与变换联系在一起的.

例3:已知 F_1、F_2 分别是双曲线 $x^2 - \dfrac{y^2}{3} = 1$ 的左、右焦点,过 F_1 且斜率为 k 的直线 l_1 分别交双曲线的左、右两支于 A、C 两点,过 F_2 且与 l_1 垂直的直线 l_2 分别交双曲线的左、右两支于 D、B 两点.求四边形 $ABCD$ 面积的最小值.

分析:根据直线与双曲线的位置关系,可以求出斜率 k 的取值范围,利用韦达定理得到两条弦 AC,BD 的长度,进而用斜率 k 表示四边形的面积,将问题转化为函数最值问题.利用图形的对称性,可以简化弦长的计算.

解:设过 F_1 且平行于 l_2 的直线 l_3 交双曲线左、右两支于 B'、D',由对称性知 $|B'D'| = |BD|$.设 l_1、l_3 的方程分别为 $y = k(x+2)$,$y = -\dfrac{1}{k}(x+2)$.

由 $\begin{cases} 3x^2 - y^2 = 3, \\ y = k(x+2), \end{cases}$ 得 $(3-k^2)x^2 - 4k^2 x - 4k^2 - 3 = 0$.

因为 l_1 分别交双曲线的左、右两支于 A、C 两点,所以 $x_A \cdot x_C = \dfrac{-4k^2 - 3}{3 - k^2} < 0$,解得 $k^2 < 3$.同理,由 l_3 分别交双曲线的左、右两支于 B'、D' 两点,得 $\left(-\dfrac{1}{k}\right)^2 < 3$,即有 $\dfrac{1}{3} < k^2 < 3$,故 $k \in \left(-\sqrt{3}, -\dfrac{\sqrt{3}}{3}\right) \cup \left(\dfrac{\sqrt{3}}{3}, \sqrt{3}\right)$.

$|AC| = \sqrt{1+k^2} \cdot |x_A - x_C| = \sqrt{1+k^2} \cdot \sqrt{\left(\dfrac{4k^2}{3-k^2}\right)^2 - 4 \times \dfrac{-4k^2 - 3}{3 - k^2}}$

$= \dfrac{6(1+k^2)}{3-k^2}.$

同理,$|BD| = |B'D'| = \dfrac{6\left[1 + \left(-\dfrac{1}{k}\right)^2\right]}{3 - \left(-\dfrac{1}{k}\right)^2} = \dfrac{6\left(1 + \dfrac{1}{k^2}\right)}{3 - \dfrac{1}{k^2}}.$

所以,四边形 $ABCD$ 的面积 $S = \dfrac{1}{2} |AC| \cdot |BD| = \dfrac{18\left(k^2 + \dfrac{1}{k^2} + 2\right)}{10 - 3\left(k^2 + \dfrac{1}{k^2}\right)} \geqslant$

$\dfrac{18 \times 4}{10 - 3 \times 2} = 18$,当且仅当 $k^2 = \dfrac{1}{k^2}$ 即 $k = \pm 1$ 时等号成立.

3. 思想与文化中的对称

　　对称性是事物经过某些变换后仍然保持不变性或某些不变性,其应用范围早已远远超出空间图形这个狭隘的领域,渗透到数学、物理等诸多学科.物质结构是用对称语言写成的,诺贝尔物理学奖获得者杨振宁回忆他的大学生活时说:"对我后来的工作有决定影响的一个领域叫做对称原理".李政道 1996 年 5 月 23 日在中央工艺美术学院的演讲中曾指出:"艺术与科学,都是对称与不对称的巧妙组合."对称不仅是一种审美标准,还是一种思考的方向.

　　我们生活在图形的世界中,许多美丽的事物往往与图形的对称联系在一起.无论是北京人民大会堂,还是普通的民居、民宅,无不蕴含对称.在装饰图案中能够找到所有 17 种对称性图案.树叶以其主脉为对称轴,蜂巢、蛛网呈正多边形.蝴蝶的双翼是对称的,鹰、鲥鱼、大象等则是呈左右对称的.人体也有比较完美的对称.甲烷的分子结构是正四面体对称的,C_{60} 形似足球,是 32 面对称体.水中的倒影和镜中的映象与客观环境形成以水面和镜面为对称平面的对称."一石激起千层浪",水面上圆形波浪呈中心对称,浪的起伏在空间上是对称的.根据对称原理,能设计并制造天平称量重物,当指针指向表盘"正"中位置时,两端处于"平"衡状态,说明被称量的物体"等"质量.人们也常以天平喻示人的思想和言行公"正"和公"平",人及事物之间的关系是否平"等".

　　在文学里有"自对偶",如"上海自来水来自海上",这是一种"回文",倒着念和顺着念,意思都一样.另一种是"互对偶",如"东边日出西边雨,道是无晴却有晴",如果把"东边"与"西边""无晴"与"有晴"的位置对调一下,成为"西边日出东边雨,道是有晴却无晴",前后意义并没有改变."将军百战死,壮士十年归"中运用的"互文"修辞可以看作是一种"互对偶".文学中的对仗也是一种对称."虎踞龙盘今胜昔,天翻地覆慨而慷",既有人文意境之美,也有文字对仗工整之美,中国文化特有的对联更把"对称"的要求提到非常高的程度.

在数学中,对称的概念略有拓广,常把某些具有关联或对立的概念视为对称.数学中不少概念与运算,都是由人们对"对称"问题的探讨派生出来的.数学中的对称美除了作为数学自身的属性外,还可以启迪人们思考、研究问题的方法.按美学思想来设计是自然的.对称是数学家长期追求的目标,甚至有时把它作为一种尺度.比如,在欧氏几何中,点与直线的关系是不对称的.过两点总可作一条直线,但是,两直线总可得一个交点却并不成立.自从引进了"无穷远点"后,两平行直线相交于无穷远点,直线也成为一种封闭图形,无穷远点就是直线两端的连接点,从而点和直线就具有对称性.为什么只引进一个无穷远点,而不引进两个无穷远点?通过引进一个无穷远点,就可以在直线与点之间建立对偶关系,进而就有了对偶定理.如果引进两个无穷远点,就会破坏这种对偶性.在解析几何里,代数方程与几何图形间建立了一种对称,使代数与几何化为一体,达到完美的统一.

拓展阅读与练习:

1. 对称与 π 的近似值.

数学家相信,宇宙是和谐的,数学反映客观世界的规律,也应该具有和谐、对称、平衡的美.对圆周率 π 的精确计算中有个有趣的典故,就反映了数学的对称美的神奇魅力.19世纪以后,各种收敛于 π 的级数公式不断涌现,π 的小数点后的精确位数也在迅速增长,1873 年英国业余数学家谢克斯(William Shanks)算到小数点后 707 位,这一惊人的结果成为此后 74 年的标准.此后半个世纪,人们对他的计算结果深信不疑,或者说即便怀疑也没有办法来检查它是否正确.又过了若干年,英国数学家弗格森(D. F. Ferguson)对他的计算结果产生了怀疑,其疑问基于如下猜想:在 π 的数值中,尽管各数字排列没有规律可循,但是各数码出现的机会应该相同. 当他对谢克斯的结果进行统计时,发现各数字出现次数过于参差不齐,于是怀疑有误. 他使用了当时所能找到的最先进的计算工具,从 1944 年 5 月到 1945 年 5 月,算了整整一年. 1946 年,弗格森发现第 528 位是错的.

2. 已知 $a, b > 0$,求 $\dfrac{a^2 + b^2 + ab + 1}{a + b}$ 的最小值.

解: 由式子的对称性,不妨设 $a \geqslant b > 0$,令 $a + b = 2u, a - b = 2v$,则 $u > v \geqslant 0$,

$$\frac{a^2 + b^2 + ab + 1}{a + b} = \frac{3u^2 + v^2 + 1}{2u} \geqslant \frac{3u^2 + 1}{2u} = \frac{1}{2}\left(3u + \frac{1}{u}\right) \geqslant \sqrt{3},$$

当且仅当 $u = \dfrac{\sqrt{3}}{3}, v = 0$ 即 $a = b = \dfrac{\sqrt{3}}{3}$ 时等号成立.

3. (圆中的蝴蝶定理) 过圆中弦 AB 的中点 M,任意作两弦 CD 和 EF,连 CF 与 ED 分别交弦 AB 于 Q, P,求证:$PM = MQ$.

解: 如图 10-1,以 M 为原点,AB 所在直线为 x 轴建立直角坐标系,设圆方程为

$$x^2 + y^2 + Ey + F = 0, \quad \cdots\cdots ①$$

直线 CD, EF 的方程为 $y = k_1 x, y = k_2 x$,即 $(k_1 x - y)(k_2 x - y) = 0$, $\cdots\cdots ②$
则过两曲线①②的交点 C, D, E, F 的二次曲线系为

$$x^2 + y^2 + Ey + F + \lambda(k_1 x - y)(k_2 x - y) = 0.$$

令 $y = 0$,得 $x^2 + \lambda k_1 k_2 x^2 + F = 0$,其两根即为曲线系与直线 AB 的交点 P, Q 的横坐标. 由韦达定理得 $x_P + x_Q = 0$,即 M 为 PQ 的中点.

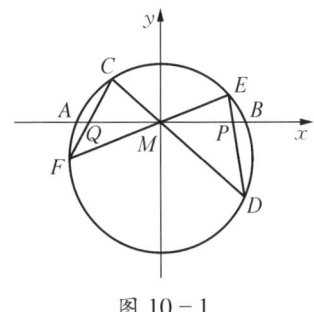

图 10-1

第11讲 有向度量：概念的抽象与统一

所谓"有向度量"是指带有方向的度量，研究既有二值（正、负）有向性又有可加性的几何量，包括一维空间的有向距离、二维空间的有向面积和三维空间的有向体积. 各种有向度量的概念散见于沪教版高中数学教材中的三角、向量、解析几何、立体几何等主干内容中，近些年来的高考也产生了一些考查有向度量的创新题. 本讲我们一起来欣赏点缀于高中数学教材中的有向度量.

1. 梳理各种有向度量的概念

关于"有向距离"，沪教版教材在三角比、平面向量、直线的方程等内容中都有所涉及. 为了介绍三角函数线，教材中引入"有向线段"：一条在坐标轴上或与坐标轴平行的线段也可以规定两种相反的方向. 当有向线段 $\overline{OM}$ 与 x 轴（或 y 轴）正方向同向时，$\overline{OM}$ 的值为正；当有向线段 $\overline{OM}$ 与 x 轴（或 y 轴）正方向反向时，$\overline{OM}$ 的值为负. 这样三角比的值可用单位圆中某些特定的有向线段的长度连同它们的符号来表示.

为了介绍两个向量 $\vec{a}$，$\vec{b}$ 的数量积的几何意义，教材中引入了"向量 $\vec{b}$ 在向量 $\vec{a}$ 的方向上的投影"，即有向线段 $\overline{OB_1}$ 的

值. 如图 11-1 所示,当 $0 \leq \theta < \dfrac{\pi}{2}$ 时,有向线段 $\overline{OB_1}$ 的值等于向量 $\overrightarrow{OB_1}$ 的模 $|\overrightarrow{OB_1}|$;当 $\dfrac{\pi}{2} < \theta \leq \pi$ 时,有向线段 $\overline{OB_1}$ 的值等于 $-|\overrightarrow{OB_1}|$;当 $\theta = \dfrac{\pi}{2}$ 时,有向线段 $\overline{OB_1}$ 的值等于零.

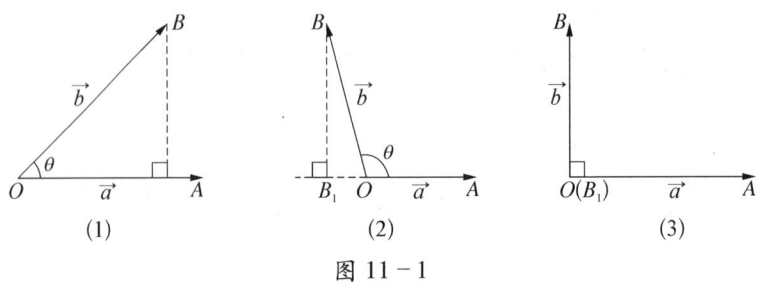

图 11-1

在介绍平面上点到直线的距离公式时,教材中引入了点 $P(x_0, y_0)$ 到直线 $l: ax + by + c = 0$ 的有向距离 $\delta = \dfrac{ax_0 + by_0 + c}{\sqrt{a^2 + b^2}}$:当点 $P(x_0, y_0)$ 在直线的法向量 $\vec{n} = (a, b)$ 指向的一侧时,$\delta = d > 0$(其中 d 是点 P 到直线 l 的距离);当点 $P(x_0, y_0)$ 在直线的法向量 $\vec{n} = (a, b)$ 指向的另一侧时,$\delta = -d < 0$;当点 $P(x_0, y_0)$ 在直线上时,$\delta = 0$.

关于"有向面积",沪教版教材在矩阵与行列式中以例、习题的形式给出了三角形的有向面积:已知平面上三点 $A(x_1, y_1)$、$B(x_2, y_2)$、$C(x_3, y_3)$,则 $\triangle ABC$ 的面积等于 $\dfrac{1}{2} \begin{vmatrix} x_1 & y_1 & 1 \\ x_2 & y_2 & 1 \\ x_3 & y_3 & 1 \end{vmatrix}$. 当 $\triangle ABC$ 的顶点 A、B、C 按逆时针方向排列时,行列式为正值;否则行列式为负值.

关于"有向体积",教材中并没有专门列出,可以类比上述行列式表示的"有向面积"得到四面体的有向体积:已知四面体 $ABCD$ 的四个顶点的坐标分别为 $A(x_1, y_1, z_1)$、$B(x_2, y_2, z_2)$、$C(x_3, y_3, z_3)$、$D(x_4, y_4, z_4)$,则四面体

$ABCD$ 的体积为 $\dfrac{1}{6}\begin{vmatrix} x_1 & y_1 & z_1 & 1 \\ x_2 & y_2 & z_2 & 1 \\ x_3 & y_3 & z_3 & 1 \\ x_4 & y_4 & z_4 & 1 \end{vmatrix}$. 当三个向量 $\overrightarrow{AB}$, $\overrightarrow{AC}$, $\overrightarrow{AD}$ 按右手系排列时，行列式为正值；否则行列式为负值.

在实际教学中，还有些内容与有向度量紧密联系. 比如，在直线的参数方程中，若直线 l 经过点 $P(x_0, y_0)$、倾斜角为 α，则 l 的一个方向向量为 $\vec{d} = (\cos\alpha, \sin\alpha)$ $(0 \leqslant \alpha < \pi)$，$l$ 的参数方程可写成 $\begin{cases} x = x_0 + t\cos\alpha, \\ y = y_0 + t\sin\alpha, \end{cases}$ $(t \in \mathbf{R})$. 此时参数 t 即为有向线段 $\overrightarrow{P_0P}$ 的值，当 $\overrightarrow{P_0P}$ 与方向向量 $\vec{d}$ 同向时，t 的值为正；当 $\overrightarrow{P_0P}$ 与 $\vec{d}$ 反向时，t 的值为负. 又如，在计算二面角的平面角的大小时，常用面积射影定理：若二面角 $\alpha - l - \beta$ 的平面角为 θ，半平面 α 上的图形 Γ 的面积为 S，Γ 在半平面 β 上的投影 Γ' 的有向面积为 $S_{射影}$，则 $\cos\theta = \dfrac{S_{射影}}{S}$. 当 Γ' 落在半平面 β 内部时，$S_{射影}$ 为正值，否则 $S_{射影}$ 为负值.

教材中跟有向度量相关的概念，还有"任意角"，这其实也是一种"有向角"，逆时针旋转的角为正角，顺时针旋转的角为负角.

沪教版教材呈现"有向度量"的形式是多样的：直接给出"有向线段"的概念，以公式形式呈现点到直线的"有向距离"、三角形的"有向面积"，以不言自明地内蕴形式呈现"有向角"等等.

2. 揭示各种有向度量之间的内在联系

各种有向度量之间互相联系着，下面两个例子就很好地呈现了这种联系.

例1：平面向量的数量积有一条重要的运算性质：对向量加法的分配律. 教材中使用投影的方式定义数量积的几何意义，从而利用了有向距离证明分配律. 事实上，如果直接从等式 $\vec{a} \cdot \vec{b} = |\vec{a}| \cdot |\vec{b}|\cos\theta$ 出发，利用有向角和有向面积

之间的联系,同样能够完成这一证明.具体说来,已知平面向量 $\vec{a}$、$\vec{b}$、$\vec{c}$,现在证明:$\vec{a} \cdot (\vec{b} + \vec{c}) = \vec{a} \cdot \vec{b} + \vec{a} \cdot \vec{c}$.

如图 11-2(1),令 $\overrightarrow{OA} = \vec{a}$、$\overrightarrow{OB} = \vec{b}$,记射线 OA 逆时针旋转到射线 OB 时经过的最小正角(或零角)为 $\langle \vec{a}, \vec{b} \rangle$,则由余弦函数的性质易知,$\vec{a} \cdot \vec{b} = |\vec{a}| \cdot |\vec{b}| \cos\langle \vec{a}, \vec{b} \rangle$. 以下不妨设 $\langle \vec{a}, \vec{b} \rangle \leq \langle \vec{a}, \vec{c} \rangle$.

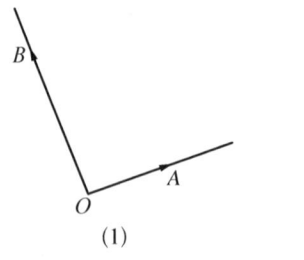

图 11-2

如图 11-2(2),令 $\overrightarrow{OA} = \vec{a}$, $\overrightarrow{OB} = \vec{b}$, $\overrightarrow{OC} = \vec{c}$, $\overrightarrow{OD} = \vec{b} + \vec{c}$,记 $a = |\vec{a}|$, $b = |\vec{b}|$, $c = |\vec{c}|$, $r = |\vec{b} + \vec{c}|$,则

$$\vec{a} \cdot (\vec{b} + \vec{c}) = ar \cdot \cos(\langle \vec{a}, \vec{b} \rangle + \langle \vec{b}, \vec{b} + \vec{c} \rangle)$$
$$= ar \cdot \cos\langle \vec{a}, \vec{b} \rangle \cos\langle \vec{b}, \vec{b} + \vec{c} \rangle - ar \cdot \sin\langle \vec{a}, \vec{b} \rangle \sin\langle \vec{b}, \vec{b} + \vec{c} \rangle,$$

$$\vec{a} \cdot \vec{c} = ac \cdot \cos(\langle \vec{a}, \vec{b} \rangle + \langle \vec{b}, \vec{c} \rangle)$$
$$= ac \cdot \cos\langle \vec{a}, \vec{b} \rangle \cos\langle \vec{b}, \vec{c} \rangle - ac \cdot \sin\langle \vec{a}, \vec{b} \rangle \sin\langle \vec{b}, \vec{c} \rangle.$$

在 $\triangle OCD$ 和 $\triangle OBD$ 中,由余弦定理得 $\cos\langle \vec{b}, \vec{c} \rangle = -\dfrac{b^2 + c^2 - r^2}{2bc}$, $\cos\langle \vec{b}, \vec{b} + \vec{c} \rangle = \dfrac{b^2 + r^2 - c^2}{2br}$.

(注意,当 $\langle \vec{b}, \vec{c} \rangle$ 等诸角不在 $(0, \pi)$ 内时,上式仍然成立.)因此

$$ar \cdot \cos\langle \vec{a}, \vec{b} \rangle \cos\langle \vec{b}, \vec{b} + \vec{c} \rangle = a \cdot \dfrac{b^2 + r^2 - c^2}{2b} \cos\langle \vec{a}, \vec{b} \rangle,$$

$$ac \cdot \cos\langle \vec{a}, \vec{b} \rangle \cos\langle \vec{b}, \vec{c} \rangle = a \cdot \dfrac{r^2 - b^2 - c^2}{2b} \cos\langle \vec{a}, \vec{b} \rangle.$$

注意到，$\triangle OBC$、$\triangle OBD$ 的有向面积分别为 $\frac{1}{2}bc\cdot\sin\langle\vec{b},\vec{c}\rangle$、$\frac{1}{2}br\cdot\sin\langle\vec{b},\vec{b}+\vec{c}\rangle$，而它们面积相等（同底等高），定向相同，故其有向面积相等，进而 $r\cdot\sin\langle\vec{b},\vec{b}+\vec{c}\rangle = c\cdot\sin\langle\vec{b},\vec{c}\rangle$. 于是

$$\vec{a}\cdot(\vec{b}+\vec{c})$$
$$= ar\cdot\cos\langle\vec{a},\vec{b}\rangle\cos\langle\vec{b},\vec{b}+\vec{c}\rangle - ar\cdot\sin\langle\vec{a},\vec{b}\rangle\sin\langle\vec{b},\vec{b}+\vec{c}\rangle$$
$$= a\cdot\frac{b^2+r^2-c^2}{2b}\cdot\cos\langle\vec{a},\vec{b}\rangle - a\cdot\sin\langle\vec{a},\vec{b}\rangle\cdot r\cdot\sin\langle\vec{b},\vec{b}+\vec{c}\rangle$$
$$= a\cdot\left(b+\frac{r^2-b^2-c^2}{2b}\right)\cdot\cos\langle\vec{a},\vec{b}\rangle - a\cdot\sin\langle\vec{a},\vec{b}\rangle\cdot c\cdot\sin\langle\vec{b},\vec{c}\rangle$$
$$= ab\cdot\cos\langle\vec{a},\vec{b}\rangle + a\cdot\frac{r^2-b^2-c^2}{2b}\cdot\cos\langle\vec{a},\vec{b}\rangle - ac\cdot\sin\langle\vec{a},\vec{b}\rangle\sin\langle\vec{b},\vec{c}\rangle$$
$$= ab\cdot\cos\langle\vec{a},\vec{b}\rangle + ac\cdot\cos\langle\vec{a},\vec{b}\rangle\cos\langle\vec{b},\vec{c}\rangle - ac\cdot\sin\langle\vec{a},\vec{b}\rangle\sin\langle\vec{b},\vec{c}\rangle$$
$$= \vec{a}\cdot\vec{b}+\vec{a}\cdot\vec{c},$$

命题得证.

例 2：已知四面体 $ABCD$ 四个面的面积分别为 $S_1 < S_2 < S_3 < S_4$，且 $S_1 + S_4 = S_2 + S_3$，则与 $ABCD$ 的四个面所在平面同时相切的球共有多少个？

将面积为 S_i 的面简称为面 S_i. 易知，任意四面体必有一个内切球和四个旁切球. 设 r_i 是面 S_i 外侧的旁切球半径（$1 \leq i \leq 4$），r 为内切球半径，$ABCD$ 的体积为 V，并令 $S = S_1 + S_2 + S_3 + S_4$，则由体积公式得到：$r = \frac{3V}{S}$，$r_i = \frac{3V}{S-2S_i}$（$1 \leq i \leq 4$）.

此外，至多还可能存在三个满足要求的球，其中每一个与 $ABCD$ 位于其某两个面的同侧，而位于另两个面的异侧. 此时，规定：当球心 O 与 $ABCD$ 位于 S_i 同侧时，以 O 为顶点，面 S_i 为底面的三棱锥体积为正，否则体积为负. 记与 $ABCD$ 位于两个面 S_i、S_j 的同侧的球半径为 r_{ij}（$1 \leq i < j \leq 4$），则由有向体积公式计算如下：

$$r_{12} = \frac{3V}{|S_1 + S_2 - S_3 - S_4|}, \quad r_{13} = \frac{3V}{|S_1 - S_2 + S_3 - S_4|},$$

$$r_{14} = \frac{3V}{|S_1 - S_2 - S_3 + S_4|}.$$

由于 $S_1 + S_4 = S_2 + S_3$，因此 r_{14} 不可能存在，从而只能有 7 个满足要求的球.

有向角与有向面积、有向距离与有向体积之间的联系从一个侧面说明，揭示概念的内涵，可以从更高的层面上解读概念之间的联系.

3. 挖掘有向性概念的应用价值

理解"有向度量"概念的本质，有助于优化数学内容结构，尤其对于一些有关几何度量的问题，可以开拓新的思路，帮助大家深入理解问题本质.

例3：(2008 年南京大学自主招生考试) 在 $\triangle ABC$ 内任取一点 O，用 S_A, S_B, S_C 分别表示 $\triangle BOC$, $\triangle COA$, $\triangle AOB$ 的面积，求证：$S_A \cdot \overrightarrow{OA} + S_B \cdot \overrightarrow{OB} + S_C \cdot \overrightarrow{OC} = \vec{0}$.

此题有很多证法，而利用"有向面积"可以得到下面的简单证法：

设 $O(0, 0)$，$A(x_1, y_1)$，$B(x_2, y_2)$，$C(x_3, y_3)$，则

$$\begin{vmatrix} x_2 & y_2 & 1 \\ 0 & 0 & 1 \\ x_3 & y_3 & 1 \end{vmatrix} \cdot x_1 + \begin{vmatrix} x_3 & y_3 & 1 \\ 0 & 0 & 1 \\ x_1 & y_1 & 1 \end{vmatrix} \cdot x_2 + \begin{vmatrix} x_1 & y_1 & 1 \\ 0 & 0 & 1 \\ x_2 & y_2 & 1 \end{vmatrix} \cdot x_3$$

$$= (x_3 y_2 - x_2 y_3) x_1 + (x_1 y_3 - x_3 y_1) x_2 + (x_2 y_1 - x_1 y_2) x_3 = 0,$$

同理 $\begin{vmatrix} x_2 & y_2 & 1 \\ 0 & 0 & 1 \\ x_3 & y_3 & 1 \end{vmatrix} \cdot y_1 + \begin{vmatrix} x_3 & y_3 & 1 \\ 0 & 0 & 1 \\ x_1 & y_1 & 1 \end{vmatrix} \cdot y_2 + \begin{vmatrix} x_1 & y_1 & 1 \\ 0 & 0 & 1 \\ x_2 & y_2 & 1 \end{vmatrix} \cdot y_3 = 0$，于是有

$$2(S_A \cdot \overrightarrow{OA} + S_B \cdot \overrightarrow{OB} + S_C \cdot \overrightarrow{OC})$$

$$= \begin{vmatrix} x_2 & y_2 & 1 \\ 0 & 0 & 1 \\ x_3 & y_3 & 1 \end{vmatrix}(x_1, y_1) + \begin{vmatrix} x_3 & y_3 & 1 \\ 0 & 0 & 1 \\ x_1 & y_1 & 1 \end{vmatrix}(x_2, y_2) + \begin{vmatrix} x_1 & y_1 & 1 \\ 0 & 0 & 1 \\ x_2 & y_2 & 1 \end{vmatrix}(x_3, y_3)$$

$$= (0, 0),$$

即证.

如果将 S_A，S_B，S_C 看成是 $\triangle BOC$，$\triangle COA$，$\triangle AOB$ 的有向面积，则例 3 的条件可以减弱为"点 O 是平面内任意一点"，结论依然成立.

理解"有向度量"概念，还可以提出新问题、得到新结论，站在更高的观点认识相应的几何问题的实质. 比如，我们知道，判断直线与圆的位置关系可以用圆心到直线的距离进行判别，那么直线与椭圆的位置关系有类似的判别方法吗? 利用点到直线的有向距离，可以将两者统一起来.

设 F_1、F_2 是椭圆 $C: \dfrac{x^2}{a^2} + \dfrac{y^2}{b^2} = 1(a > b > 0)$ 的两个焦点，点 F_1、F_2 到直线 $l: mx + ny + p = 0(m, n$ 不同时为 $0)$ 的有向距离分别为 δ_1、δ_2，则 $\delta_1\delta_2 > b^2 \Leftrightarrow$ 直线 l 与椭圆 C 相离；$\delta_1\delta_2 = b^2 \Leftrightarrow$ 直线 l 与椭圆 C 相切；$\delta_1\delta_2 < b^2 \Leftrightarrow$ 直线 l 与椭圆 C 相交.

证明：联立方程组 $\begin{cases} \dfrac{x^2}{a^2} + \dfrac{y^2}{b^2} = 1, \\ mx + ny + p = 0, \end{cases}$ 消去 y 得

$$(a^2m^2 + b^2n^2)x^2 + 2a^2mpx + a^2(p^2 - b^2n^2) = 0.$$

$$\Delta = (2a^2mp)^2 - 4(a^2m^2 + b^2n^2)a^2(p^2 - b^2n^2)$$
$$= 4a^2b^2n^2(a^2m^2 + b^2n^2 - p^2). \quad \cdots\cdots(*)$$

椭圆焦点 $F_1(-c, 0)$，$F_2(c, 0)$，其中 $c^2 = a^2 - b^2$，$\delta_1\delta_2 = \dfrac{-mc + p}{\sqrt{m^2 + n^2}} \cdot \dfrac{mc + p}{\sqrt{m^2 + n^2}} = \dfrac{p^2 - m^2c^2}{m^2 + n^2}$，故 $\delta_1\delta_2 > b^2 \Leftrightarrow p^2 - m^2c^2 > b^2m^2 + b^2n^2 \Leftrightarrow p^2 > a^2m^2 +$

$b^2n^2 \Leftrightarrow \Delta < 0 \Leftrightarrow$ 直线 l 与椭圆 C 相离. 同理证另外两个结论.

欣赏有向性这个核心概念,首先需要梳理教材中相关概念的内容,把概念背后的数学思想方法、思维策略方法显性化、明朗化;其次是揭示概念内涵,把握概念的要点和本质,厘清相关概念之间的联系与结构;最后是充分挖掘概念的价值,把握概念的学科意义与方法.

拓展阅读与练习:

1. (2017年高考上海卷)如图11-3,用35个单位正方形拼成一个矩形,点 P_1、P_2、P_3、P_4 以及四个标记为"▲"的点在正方形的顶点处,设集合 $\Omega = \{P_1, P_2, P_3, P_4\}$,点 $P \in \Omega$,过 P 作直线 l_P,使得不在 l_P 上的"▲"的点分布在 l_P 的两侧. 用 $D_1(l_P)$ 和 $D_2(l_P)$ 分别表示 l_P 一侧和另一侧的"▲"的点到 l_P 的距离之和. 若过 P 的直线 l_P 中有且只有一条满足 $D_1(l_P) = D_2(l_P)$,则 Ω 中所有这样的 P 为 _____ .

解: 如图11-3,以左下格点为坐标原点建立平面直角坐标系,则 $P_1(0, 4)$, $P_2(3, 2)$, $P_3(4, 2)$, $P_4(6, 5)$,记四个▲点分别为 $A(1, 0)$, $B(7, 1)$, $C(4, 4)$, $D(0, 3)$. 设过点 $P(a, b)$ 的任意直线 $l: F(x, y) = 0$.

设 A, B, C, D 到直线 l 的有向距离分别为 δ_1, δ_2, δ_3, δ_4,则由题意知 $\delta_1 + \delta_2 + \delta_3 + \delta_4 = 0$,即 $F(x_A, y_A) + F(x_B, y_B) + F(x_C, y_C) + F(x_D, y_D) = 0$.

若直线 l 斜率不存在,则 $F(x, y) = x - a$,有 $1 - a + 7 - a + 4 - a + 0 - a = 0$,解得 $a = 3$,即只有直线 $l: x = 3$ 满足要求.

若直线 l 斜率存在,设 $F(x, y) = k(x - a) - y + b$,有 $k(1 - a) + b + k(7 - a) - 1 + b + k(4 - a) - 4 + b + k(0 - a) - 3 + b = 0$,即得 $(a - 3)k = b - 2$,当 $a = 3$, $b = 2$ 时,k 有无穷多解,此时符合要求的直线有无数条;当 $a \neq 3$ 时,$k = \dfrac{b-2}{a-3}$,符合要求的直线只有一条.

综上,经过 P_2 的直线中有无数条符合要求,而过 P_1,P_3,P_4 的直线中只有一条符合要求,故答案为 P_1,P_3,P_4.

2. 如图 11-4,已知直线 $l:x+\sqrt{3}y-c=0(c>0)$ 为公海与领海的分界线,一艘巡逻艇在 O 处发现了北偏东 60°海面上 A 处有一艘走私船,走私船正向停泊在公海上接应的走私海轮 B 航行,以便上海轮后逃窜.已知巡逻艇的航速是走私船航速的 2 倍,且两者都是沿直线航行,但走私船可能向任一方向逃窜.若 O 与公海的最近距离为 20 海里,要保证在领海内捕获走私船(即不能截获走私船的区域与公海不相交),则 O,A 之间的最远距离是多少海里?

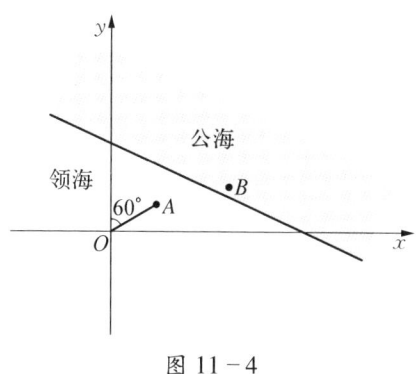

图 11-4

解:易得 $c=40$,设截获地点为点 $P(x,y)$,$|OA|=2t(t>0)$,则 $A(\sqrt{3}t,t)$.

由 $|OP|=2|AP| \Leftrightarrow \sqrt{x^2+y^2}=2\sqrt{(x-\sqrt{3}t)^2+(y-t)^2}$

$$\Leftrightarrow \left(x-\frac{4\sqrt{3}}{3}t\right)^2+\left(y-\frac{4}{3}t\right)^2=\left(\frac{4}{3}t\right)^2,$$

此轨迹与直线 $l:x+\sqrt{3}y-40=0$ 不相交,则圆心 $C\left(\frac{4\sqrt{3}}{3}t,\frac{4}{3}t\right)$ 到直线 l 的距离 $d \geqslant \frac{4}{3}t$.

由 O,C 在直线 $l:x+\sqrt{3}y-40=0$ 的同侧,故 $\delta_O \cdot \delta_C > 0 \Leftrightarrow \delta_C < 0$,故圆心 C 到直线 l 的距离 $d=-\dfrac{\frac{4\sqrt{3}}{3}t+\sqrt{3}\cdot\frac{4}{3}t-40}{2} \geqslant \frac{4}{3}t \Leftrightarrow t \leqslant \frac{15}{\sqrt{3}+1}$,所以

$$|OA|_{\max}=\frac{30}{\sqrt{3}+1}=15(\sqrt{3}-1).$$

第 12 讲　二项式：因二项式定理而"闻名"

"二项式"作为两个单项式的和,其概念本身并没有深入剖析的必要,而二项式定理表达的却是中学数学中重要的代数恒等式,因而备受关注. 二项式定理,又称牛顿二项式定理. 牛顿于 1664~1665 年提出之后,历经几个世纪的应用与发展,其经典性不言而喻.

从课程结构而言,二项式定理与方程、函数、数列、二次曲线、空间几何等高中数学核心内容的关系不太密切,所以处于相对独立的位置. 在整个高中数学领域里,二项式定理好像是一座独立的山峰,妩媚秀丽,具有浓重的人文色彩,值得我们仔细品味和赏析.

1. 二项式定理与杨辉三角

二项式定理既独立,又显示"高次",即对任何的 n 次都成立. 就中学数学而言,几乎不处理"高次"问题,到"二次"就结束了. 二次方程、二次函数、二次曲线,占据了"非线性数学"的主题. 涉及"n 次"的内容,不外乎幂函数、数列求和等少量项目,至于以"n 次"的高度,并称之为"定理"的数学内容,只有这个二项式定理.

二项式定理 $(a+b)^n = a^n + C_n^1 a^{n-1}b + C_n^2 a^{n-2}b^2 + \cdots + C_n^r a^{n-r}b^r + \cdots + b^n$，左边是两项和的幂；右边共有 $n+1$ 项，既可以看成 a 的降幂排列，亦可以看成 b 的升幂排列，且每一项都是齐次式. 系数满足如下特点：

（1）对称性：$C_n^r = C_n^{n-r}$.

（2）增减性与最大值：当 n 为偶数时，$C_n^0 < C_n^1 < \cdots < C_n^{\frac{n}{2}} > C_n^{\frac{n}{2}+1} > \cdots > C_n^n$，二项式系数最大值为中间项系数 $C_n^{\frac{n}{2}}$；当 n 为奇数时，$C_n^0 < C_n^1 < \cdots < C_n^{\frac{n-1}{2}} = C_n^{\frac{n+1}{2}} > C_n^{\frac{n+3}{2}} > \cdots > C_n^n$，二项式系数最大值为中间两项的系数 $C_n^{\frac{n-1}{2}}$，$C_n^{\frac{n+1}{2}}$.

用组合方法表示的系数，匀称而有序. 二项式定理不仅外观秀美，还有深刻的内涵，乃至成为组合数学中不可或缺的基石.

中学数学里，虽然很少涉及二项式定理，但在高等数学里却是基本工具. 事实上，微积分中有一个关节点，非用它不可，绕不过去. 这就是求幂函数 $f(x)=x^n$ 的导数.

按照定义我们有 $f'(x) = \lim\limits_{\Delta x \to 0} \dfrac{f(x+\Delta x)-f(x)}{\Delta x} = \lim\limits_{\Delta x \to 0} \dfrac{(x+\Delta x)^n - x^n}{\Delta x}$. ……①

这里非得用二项式定理不可. 我们必须把 $(x+\Delta x)^n$ 展开，计算 $(x+\Delta x)^n - x^n$，第一项是 $nx^{n-1}\Delta x$，以后各项中含 Δx 的高次项，因此①式约去 Δx 之后，令 $\Delta x \to 0$，其极限就是导数 nx^{n-1}.

1665 年，刚好 22 岁的牛顿完成了他在数学上的第一个重要工作，发现了二项式定理，这是微积分学发展过程中必不可少的一步. 事实上，牛顿掌握二项式定理时，鼻子尖已经触到微积分的大门了.

杨辉三角，是二项式系数在三角形中的一种几何排列. 我国宋代数学家杨辉于 13 世纪在《讲解九章算术》里讨论了这种形式的数表，并说明此表引自 11 世纪前半叶北宋人贾宪的《释锁算术》，贾宪大约在 1050 年首先使用该图式进行高次运算，因此，"杨辉三角"又称"贾宪三角". 在欧洲，这个表叫做帕斯卡三角形，帕斯卡（1623—1662）在 1654 年发现这个图表并加以应用. 杨辉三角是中国古代数学的杰出研究成果之一，它把二项式系数图形化，把组合数内在的一些代数性质直观地从图形中体现出来，是一种离散型的数与形的优美结合.

如图 12-1,杨辉三角中体现的性质,可以从"横向"、"斜向"观察,也可以从"整体""局部"考虑各数之间的关系,不难发现:

(1) 杨辉三角中的数具有"肩挑两数"的性质,即加法定理:
$C_n^{r-1} + C_n^r = C_{n+1}^r$.

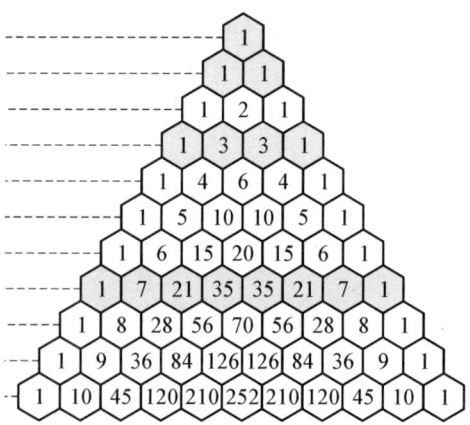

图 12-1

(2) 二项式系数和:
$$C_n^0 + C_n^1 + C_n^2 + \cdots + C_n^n = 2^n,$$
$$C_n^0 + C_n^2 + C_n^4 + \cdots = C_n^1 + C_n^3 + C_n^5 + \cdots = 2^{n-1}.$$

(3) 拓展:$C_n^1 + 2C_n^2 + 3C_n^3 + \cdots + nC_n^n = n \cdot 2^{n-1}$,$C_n^0 \cdot C_n^n + C_n^1 \cdot C_n^{n-1} + \cdots + C_n^n \cdot C_n^0 = C_{2n}^n$.

二项式定理与杨辉三角形是一对天然的数形趣题,它把数形结合带进了计算数学.求二项式展开式系数的问题,实际上是一种组合数的计算问题.用系数通项公式来计算,称为"式算";用杨辉三角形来计算,称作"图算".

2. 二项式定理的推广与延拓

二项式定理可以有多种推广形式.从指数上推广,可以推广到对任意实数次幂的展开,有兴趣的读者可以查询相关资料.从项数上推广,可以把二项式推广到多项式,来研究 $(a_1 + a_2 + \cdots + a_m)^n$ 的展开式.

例 1:在 $(1+x+x^2)^n (n \in \mathbf{N})$ 的展开式中,x^k 的系数记作 D_n^k,称为三项式系数.$D_n^0, D_n^1, \cdots, D_n^{2n}$ 称为三项式 n 次系数列,如三项式 0 次系数列为 1,三项式 1 次系数列为 1,1,1.类比二项式系数(杨辉三角中)的规律,写出三项式 n 次系数列的两个性质(无需证明).

解：

$$\begin{array}{c}1\\1\quad 1\quad 1\\1\quad 2\quad 3\quad 2\quad 1\\1\quad 3\quad 6\quad 7\quad 6\quad 3\quad 1\\1\quad 4\quad 10\quad 16\quad 19\quad 16\quad 10\quad 4\quad 1\\1\quad 5\quad 15\quad 30\quad 45\quad 51\quad 45\quad 30\quad 15\quad 5\quad 1\\1\quad 6\quad 21\quad 50\quad 90\quad 126\quad 141\quad 126\quad 90\quad 50\quad 21\quad 6\quad 1\end{array}$$

性质：（1）$D_n^0 + D_n^1 + D_n^2 + \cdots + D_n^{2n} = 3^n$；

（2）$D_n^0 - D_n^1 + D_n^2 - \cdots + D_n^{2n} = 1$；

（3）$D_n^m = D_n^{2n-m}$；

（4）规律：每一个数等于它上面一行三个数的和，即 $D_n^{k-2} + D_n^{k-1} + D_n^k = D_{n+1}^k$.

将杨辉三角中的二项式系数进行变形，还可以得到其他的系数排列，最著名的是莱布尼茨三角.

例2：（2006年高考湖北卷）将杨辉三角中的每一个数 C_n^r 都换成 $\dfrac{1}{(n+1)C_n^r}$，就得到一个如图12-2所示的分数三角形，称为莱布尼茨三角形.

从莱布尼茨三角形可看出 $\dfrac{1}{(n+1)C_n^r} + \dfrac{1}{(n+1)C_n^x} = \dfrac{1}{nC_{n-1}^r}$，其中 $x = $ _____.

令 $a_n = \dfrac{1}{3} + \dfrac{1}{12} + \dfrac{1}{30} + \dfrac{1}{60} + \cdots + \dfrac{1}{nC_{n-1}^2} + \dfrac{1}{(n+1)C_n^2}$，则 $\lim\limits_{n\to\infty} a_n = $ _____.

$$\begin{array}{c}\dfrac{1}{1}\\[2pt]\dfrac{1}{2}\quad \dfrac{1}{2}\\[2pt]\dfrac{1}{3}\quad \dfrac{1}{6}\quad \dfrac{1}{3}\\[2pt]\dfrac{1}{4}\quad \dfrac{1}{12}\quad \dfrac{1}{12}\quad \dfrac{1}{4}\\[2pt]\dfrac{1}{5}\quad \dfrac{1}{20}\quad \dfrac{1}{30}\quad \dfrac{1}{20}\quad \dfrac{1}{5}\\[2pt]\dfrac{1}{6}\quad \dfrac{1}{30}\quad \dfrac{1}{60}\quad \dfrac{1}{60}\quad \dfrac{1}{30}\quad \dfrac{1}{6}\\[2pt]\dfrac{1}{7}\quad \dfrac{1}{42}\quad \dfrac{1}{105}\quad \dfrac{1}{140}\quad \dfrac{1}{105}\quad \dfrac{1}{42}\quad \dfrac{1}{7}\\[2pt]\cdots\quad \cdots\quad \cdots\quad \cdots\quad \cdots\quad \cdots\end{array}$$

图 12-2

解：$x = r + 1$，由 $\dfrac{1}{(n+1)C_n^r} + \dfrac{1}{(n+1)C_n^{r+1}} = \dfrac{1}{nC_{n-1}^r}$ 得

$$\frac{1}{(n+1)C_n^r} = \frac{1}{nC_{n-1}^r} - \frac{1}{(n+1)C_n^{r+1}}.$$

$$a_n = \frac{1}{3} + \frac{1}{12} + \frac{1}{30} + \frac{1}{60} + \cdots + \frac{1}{nC_{n-1}^2} + \frac{1}{(n+1)C_n^2}$$

$$= \frac{1}{3C_2^0} + \frac{1}{4C_3^1} + \frac{1}{5C_4^2} + \frac{1}{6C_5^3} + \cdots + \frac{1}{nC_{n-1}^{n-3}} + \frac{1}{(n+1)C_n^{n-2}}$$

$$= \left(\frac{1}{2C_1^0} - \frac{1}{3C_2^1}\right) + \left(\frac{1}{3C_2^1} - \frac{1}{4C_3^2}\right) + \left(\frac{1}{4C_3^2} - \frac{1}{5C_4^3}\right) + \cdots +$$

$$\left(\frac{1}{(n-1)C_{n-2}^{n-3}} - \frac{1}{nC_{n-1}^{n-2}}\right) + \left(\frac{1}{nC_{n-1}^{n-2}} - \frac{1}{(n+1)C_n^{n-1}}\right)$$

$$= \frac{1}{2C_1^0} - \frac{1}{(n+1)C_n^{n-1}} = \frac{1}{2} - \frac{1}{n(n+1)},$$

故 $\lim\limits_{n\to\infty} a_n = \frac{1}{2}$.

说明：本题是莱布尼茨三角形从右往左数第3斜列的数的和及极限.类似地，有 $\frac{1}{4} + \frac{1}{20} + \frac{1}{60} + \frac{1}{140} + \cdots + \frac{1}{nC_{n-1}^3} + \frac{1}{(n+1)C_n^3} = \frac{1}{3}\left(1 - \frac{1}{C_{n+1}^3}\right)$.

3. 二项式定理所蕴含的展开思想

二项式展开的过程，从本质上说是每个二项式各提供一个单项式相乘，得到展开式中的一个单项式，当各二项式不同(二项式定理中是 n 个相同的二项式相乘)时也是如此.

例3：已知由10个元素组成的集合 $M = \{-2, -1, 1, 2, 3, 2\,007, 2\,008, 2\,009, 2\,016, 2\,017\}$，记 M 的所有非空子集为 $M_i(i = 1, 2, 3, \cdots, 1\,023)$，每一个 $M_i(i = 1, 2, 3, \cdots, 1\,023)$ 中的所有元素之积为 $a_i(i = 1, 2, 3, \cdots, 1\,023)$，则 $a_1 + a_2 + a_3 + \cdots + a_{1\,023} =$ _____.

解：设 $M = \{b_1, b_2, \cdots, b_n\}(n=10)$，则由题意，所求各子集元素之积的和为

$$b_1 + b_2 + \cdots + b_n + b_1 b_2 + \cdots + b_{n-1} b_n + \cdots + b_1 b_2 \cdots b_n \quad \cdots ②$$
$$= (1+b_1)(1+b_2)\cdots(1+b_n) - 1,$$

取 $b_1 = 1, b_2 = -1$，得 $a_1 + a_2 + a_3 + \cdots + a_{1023} = 0 - 1 = -1$.

变式：已知由 10 个元素组成的集合 $M = \{-2, -1, 1, 2, 3, 2\,007, 2\,008, 2\,009, 2\,016, 2\,017\}$，记 M 的所有含奇数个元素的子集为 $M_i(i = 1, 2, 3, \cdots, 512)$，每一个 $M_i(i = 1, 2, 3, \cdots, 512)$ 中的所有元素之积为 $a_i(i = 1, 2, 3, \cdots, 512)$，则 $a_1 + a_2 + a_3 + \cdots + a_{512} = $ _____.

解：设 $M = \{b_1, b_2, \cdots, b_n\}(n=10)$. 在 ② 中，取 $b_1 = 1, b_2 = -1$，得

$$0 = 1 + b_1 + b_2 + \cdots + b_n + b_1 b_2 + \cdots + b_{n-1} b_n + \cdots + b_1 b_2 \cdots b_n, \quad \cdots ③$$

在 ③ 中，用 $-b_1, -b_2, \cdots, -b_n$ 替换 $b_1, b_2, \cdots, b_n$，得

$$0 = 1 - b_1 - b_2 - \cdots - b_n + b_1 b_2 + \cdots + b_{n-1} b_n - \cdots + b_1 b_2 \cdots b_n,$$

上述两式相减，得 $\sum b_i + \sum b_i b_j b_k + \cdots = 0$，即 $a_1 + a_2 + a_3 + \cdots + a_{512} = 0$.

4. 二项式定理的文化意蕴

二项式定理中，"n 次"本来是数学术语，现在竟成了口头用语."我有 N 种办法"，"我有 N 个新朋友"等等，泛指"很多，但不太多". 它先是在网络上，后来登堂入室，进入正式的媒体，这是数学语言与日常语言交流的典型，也是信息时代的产物，有趣且值得深思.

中国能产生杨辉三角这样的归纳性结果而不能产生二项式定理这样的一般性结论，跟长期的封建皇权统治有关. 中国古代数学强调实用的管理数学，多半以"官方文书"的形式出现，目的是为了丈量田亩、分配劳力、计算税收、运输粮食等国家管理的实用目标，虽然中国古代社会也说理，却没有古希腊那样的"自由学术辩论"，唯理论没有形成大的风气. 因此，中国古代没有用公理方法进

行学术探讨的传统.自上而下的官僚管理秩序,反映在数学上就是重视归纳式的算法思想,比如解方程的开根法、杨辉三角、祖冲之的圆周率计算、天元术那样的精致计算课题,都在中国诞生.

拓展阅读与练习:

1. 杨辉三角的有趣问题

如图12-3,把贾宪三角中的奇数和偶数用不同的颜色区分开来,得到的正好是形如图12-4所示的分形(谢尔宾斯基三角形).

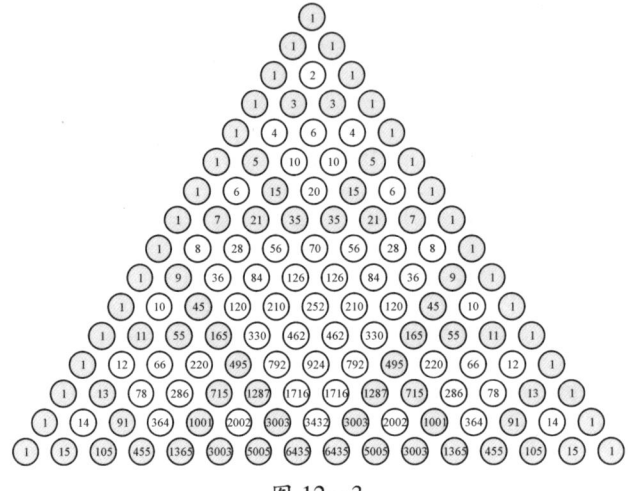

图 12-3

图 12-4

2. 设 $x = (15 + \sqrt{220})^{19} + (15 + \sqrt{220})^{82}$，求数 x 的个位数字.

解：构造对偶式 $y = (15 - \sqrt{220})^{19} + (15 - \sqrt{220})^{82}$，则

$$x + y = (15 + \sqrt{220})^{19} + (15 - \sqrt{220})^{19} + (15 + \sqrt{220})^{82} + (15 - \sqrt{220})^{82},$$

由二项式定理知，对任意 $n \in \mathbf{N}^*$，

$$(15 + \sqrt{220})^n + (15 - \sqrt{220})^n = 2(C_n^0 15^n + C_n^2 15^{n-2} \cdot 220 + \cdots) \in \mathbf{N}^*,$$

且个位数字为零，因此 $x + y$ 是个位数字为零的正整数.

因为 $0 < 15 - \sqrt{220} = \dfrac{5}{15 + \sqrt{220}} < \dfrac{5}{25} = 0.2$，且 $(15 - \sqrt{220})^{82} < (15 - \sqrt{220})^{19}$，所以 $0 < y < 2(15 - \sqrt{220})^{19} < 2 \times 0.2^{19} < 0.4$，故 x 的个位数字为 9.

3. 对函数 $y = x + \dfrac{a}{x}$ 和 $y = x^2 + \dfrac{a}{x^2}$（常数 $a > 0$）的单调性作出推广，研究推广后的函数 $y = x^n + \dfrac{1}{x^n}$（$n \in \mathbf{N}^*$）的单调性（只须写出结论，不必证明），利用你的研究结论求函数 $F(x) = \left(x^2 + \dfrac{1}{x}\right)^n + \left(\dfrac{1}{x^2} + x\right)^n$（$n \in \mathbf{N}^*$）在区间 $\left[\dfrac{1}{2}, 2\right]$ 上的最大值和最小值.

解：当 n 是奇数时，函数 $y = x^n + \dfrac{a}{x^n}$ 在 $(0, \sqrt[2n]{a}]$ 上是减函数，在 $[\sqrt[2n]{a}, +\infty)$ 上是增函数；在 $(-\infty, -\sqrt[2n]{a}]$ 上是增函数，在 $[-\sqrt[2n]{a}, 0)$ 上是减函数.

当 n 是偶数时，函数 $y = x^n + \dfrac{a}{x^n}$ 在 $(0, \sqrt[2n]{a}]$ 上是减函数，在 $[\sqrt[2n]{a}, +\infty)$ 上是增函数；在 $(-\infty, -\sqrt[2n]{a}]$ 上是减函数，在 $[-\sqrt[2n]{a}, 0)$ 上是增函数.

$$F(x) = \left(x^2 + \dfrac{1}{x}\right)^n + \left(\dfrac{1}{x^2} + x\right)^n$$

$$= C_n^0\left(x^{2n} + \frac{1}{x^{2n}}\right) + C_n^1\left(x^{2n-3} + \frac{1}{x^{2n-3}}\right) + \cdots +$$

$$C_n^r\left(x^{2n-3r} + \frac{1}{x^{2n-3r}}\right) + \cdots + C_n^n\left(x^n + \frac{1}{x^n}\right),$$

因此,$F(x)$ 在 $\left[\frac{1}{2}, 1\right]$ 上是减函数,在 $[1, 2]$ 上是增函数.

所以,当 $x = \frac{1}{2}$ 或 $x = 2$ 时,$F(x)$ 取得最大值 $\left(\frac{9}{2}\right)^n + \left(\frac{9}{4}\right)^n$;当 $x = 1$ 时,$F(x)$ 取得最小值 2^{n+1}.

第 13 讲　运算：代数的根本

"运算"不仅是数学学习的基本任务,也是贯穿于高中数学的一条逻辑"暗线". 在高中数学的起始章节中,集合的"交""并""补""差"运算让大家对数学运算的含义有了新的认识,新的运算对象和运算规则拓宽了同学们的视野,为以后学习新的数学运算作了铺垫,从而开启了通过"运算"研究高中数学的大门,对数的运算、三角的运算、向量的运算、矩阵的运算、复数的运算等纷至沓来……从"运算"角度梳理高中数学的某些主题模块,可以有效优化数学内容,形成良好的认知结构. 本讲通过梳理高中数学教材中圆锥曲线、概率、函数、数列等主干内容,从建构概念、研究性质、试题命制等视角来欣赏运算.

1. 以运算为纽带建立概念体系

在概率论初步的学习中,概念、公式众多,不少同学在面对"互斥事件""对立事件""相互独立事件"等易混概念时常常如坠云中. 倘若在复习中以四则运算为主线,以基本、简单的事件来研究复杂的事件,则可以从概率计算的角度辨析易混概念,合理建构知识网络.

① 加法：互斥事件 A, B 的和事件的概率 $P(A \cup B) = P(A) + P(B)$.

② 减法：对立事件 A，$\bar{A}$ 的概率 $P(\bar{A}) = 1 - P(A)$.

加减法的混合运算：事件 A，B 的和事件的概率 $P(A \cup B) = P(A) + P(B) - P(AB)$，此公式可以推广到多个事件的情形，如

$$P(A \cup B \cup C) = P(A) + P(B) + P(C) - P(AB) - P(BC) - P(CA) + P(ABC).$$

③ 乘法：相互独立事件 A，B 的积事件的概率 $P(AB) = P(A)P(B)$；此公式可以推广到多个相互独立事件，如 $P(A_1 A_2 \cdots A_n) = P(A_1)P(A_2)\cdots P(A_n)$.

④ 除法：事件 A 发生的条件下事件 B 发生的概率 $P(B|A) = \dfrac{P(AB)}{P(A)}$. 条件概率的变形形式 $P(AB) = P(A)P(B|A)$ 叫乘法公式，而相互独立事件的乘法公式实际上是此公式的特例，在概率计算中常用到多个事件的乘法公式：对任意 n 个事件 $A_1, A_2, \cdots, A_n (n \geq 2)$，有

$$P(A_1 A_2 \cdots A_n) = P(A_1)P(A_2|A_1)P(A_3|A_1 A_2)\cdots P(A_n|A_1 A_2 \cdots A_{n-1}).$$

在圆锥曲线的学习中，也可以用"运算"的观念来统整这部分教材内容. 从"运算"角度考虑动点到两定点距离之和（之差、之积、之商）为定值的点的轨迹，建立起椭圆、双曲线、卡西尼卵形线、阿波罗尼斯圆的内容联系，将相互联系的一类问题在方法层面上展开而不仅仅是在知识层面展开. 有兴趣的同学还可以提出许多妙趣横生的问题，比如：平面内到两定点 $F_1(-3, 0)$，$F_2(3, 0)$ 的距离倒数和为定值 1 的点的轨迹是什么图形？

高中解析几何研究的主要曲线可以在四则运算的内在逻辑框架下统一起来.

例 1：(1) 在 $\triangle ABC$ 中，$\angle A$，$\angle B$，$\angle C$ 所对的边为 a，b，c，若 $c = 2$，$a + b = 2c$，求顶点 C 的轨迹；

(2) 改变三角形三边 a，b，c 之间的运算关系或数量关系，类比第 (1) 小题提出新问题，写出三个相关结论.

解：(1) $|BC| + |AC| = 4 > |AB|$，故顶点 C 的轨迹是以 A，B 为焦点的椭圆（去掉直线 AB 上的两个顶点）.

（2）在 $c = 2$ 的前提下，改变 a, b, c 之间的运算关系，可以得到如下结论：若 $a - b = \dfrac{1}{2}c$，则点 C 的轨迹是双曲线；若 $a \div b = 2c$，则点 C 的轨迹是阿波罗尼斯圆；若 $ab = 2c$，则点 C 的轨迹是卡西尼卵形线；若 $a^2 + b^2 = (2c)^2$，则点 C 的轨迹是圆；若 $a^2 - b^2 = (2c)^2$，则点 C 的轨迹是直线……

在复习中以"运算"为纽带，厘清概念中的逻辑关系，是统整概率、圆锥曲线等单元有关概念、建立概念体系的有效方式.

2. 通过运算研究性质

"运算"贯穿于函数性质的整个研究过程. 沪教版高中数学教材专门设置了一节"函数的运算"，很多同学对教材这节内容不够重视. 实际上，要在介绍"幂、指、对"等常用函数模型之前研究函数的基本性质和图象特征，只能以正比例函数、反比例函数、一次函数、二次函数及它们的线性组合为载体，函数的和、积运算就成为必需，这是认识"函数的运算"的第一个层次. 进一步思考可知，复杂的函数大多是简单函数的运算结果或者复合的结果，因此研究函数的运算，就可以通过简单函数的性质来研究复杂函数的性质；在微积分里，求导数的法则——和差积商和复合函数求导法则，就是由简单函数的导数表示复杂函数的导数，从而达到化繁为简、以简驭繁的效果，这是认识"函数的运算"的第二个层次. 更加深入的学习和思考，就可以悟到第三个层次：实数经过有理运算之后还是实数，多项式经过四则运算后还是多项式，向量经过某些运算之后还是向量，函数经过四则运算后还是函数，从而认识到某些集合（不限于数集）在某些运算中的封闭性，对今后学习近世代数和泛函分析具有重要且深远的价值.

"运算"也是数列性质的研究过程中的灵魂. 从概念的名称就可知，研究数列的基本手段是运算：施行减（除）法运算而发现"差（比）相等"，于是有"等差（比）数列". 而它们的通项公式、基本性质、前 n 项和公式等等，都是在运算中出现的规律性、不变性. 在研究了等差数列之后，可以从"运算"角度类比研究等比数列：若$\{b_n\}$为等差数列,则$\{a^{b_n}\}$（常数$a>0$）为等比数列;若正项数列$\{b_n\}$为等比数列,则$\{\log_a b_n\}$（常数$a>0$且$a\neq 1$）为等差数列.

同学们掌握了等差（比）数列的基本性质之后,可以从"运算"角度展开对一般数列性质的研究,主要有三大问题：

① 数列的两种表示方式——递推公式和通项公式之间的转化. 最常见的问题就是由递推式求通项公式,方法是通过某些运算技巧转化为等差（比）数列来研究.

② 数列通项与部分和（前n项和S_n）之间的关系. 各种数列求和问题都需要运算技巧的呈现,尤其是裂项法对大家的思维能力提出了极大挑战,常常是高考压轴题中的"拦路虎".

③ 新数列的构造. 对于单个数列,可以进行各种变换（取绝对值、取倒数、取子列等）构造出新数列；对于两个数列,可以进行四则运算构造出新的组合数列.

通过运算,可以将一般数列问题转化为等差（比）数列来研究；通过运算和变换,可以由等差（比）数列生成各种复杂的数列. 从"运算"角度入手,由一般到特殊、由特殊到一般,是研究数列性质的"基本套路".

从基本初等函数"运算"的角度来命制试题,也是近些年来各地高考卷中的热点. 比如幂函数$y=x$、指数函数$y=e^x$、对数函数$y=\ln x$的运算组合$y=\dfrac{\ln x}{x}$，$y=x\ln x$，$y=xe^x$等在各地高考卷中频频闪亮登场. 而沪教版教材中没有导数内容,于是反比例函数与一次函数、二次函数的和函数就成了上海卷命题人青睐的问题载体,如$y=x^2+\dfrac{a}{x^2}$的性质研究（2006年第22题）；$y=x^2+\dfrac{a}{x}$的性质研究（2004年第20题、2007年第19题）等. 2017年高考上海卷压轴题就是研究一个积函数的周期性与单调性的关系.

例2：（2016高考上海卷）设$f(x)$、$g(x)$、$h(x)$是定义域为$\mathbf{R}$的三个函数,对于命题：① 若$f(x)+g(x)$、$f(x)+h(x)$、$g(x)+h(x)$均为增函数,则$f(x)$、$g(x)$、$h(x)$中至少有一个增函数；② 若$f(x)+g(x)$、$f(x)+h(x)$、$g(x)+$

$h(x)$ 均是以 T 为周期的函数,则 $f(x)$、$g(x)$、$h(x)$ 均是以 T 为周期的函数,下列判断正确的是(   )

(A) ①和②均为真命题　　　　(B) ①和②均为假命题

(C) ①为真命题,②为假命题　　(D) ①为假命题,②为真命题

解：记 $F(x) = h(x) + g(x)$，$G(x) = f(x) + h(x)$，$H(x) = g(x) + f(x)$，则

$$f(x) = \frac{H(x) + G(x) - F(x)}{2}, \quad g(x) = \frac{F(x) + H(x) - G(x)}{2},$$

$$h(x) = \frac{G(x) + F(x) - H(x)}{2}.$$

对于①，考虑最简单的函数载体——线性函数，其单调性取决于直线斜率的符号,构造三个各分为三段的折线分段函数,通过调整每段的斜率可以满足条件而不满足结论. 如 $f(x) = \begin{cases} 2x, & x \leq 1 \\ -x + 3, & x > 1 \end{cases}$，$h(x) = \begin{cases} -x, & x \leq 0 \\ 2x, & x > 0 \end{cases}$，

$g(x) = \begin{cases} 2x + 3, & x \leq 0 \\ -x + 3, & 0 < x < 1 \\ 2x, & x \geq 1 \end{cases}$;

对于②，$f(x + T) = \dfrac{H(x + T) + G(x + T) - F(x + T)}{2} = \dfrac{H(x) + G(x) - F(x)}{2} = f(x)$，即函数 $f(x)$ 是周期为 T 的周期函数,同理可得 $g(x), h(x)$ 为周期函数. 选 D.

3. 通过运算发现等量关系——"算两次"原理

为了建立相等关系,需要把同一个量以两种不同的方法表示出来,这就是算两次原理(又称富比尼原理). 高中数学教材中多次出现用算两次的方法解决问题,比如正(余)弦定理的推导、两角和的余弦公式的推导、用等积法求点到平面的距离、很多组合恒等式的证明等等. 下面的两个例子也都改编自高中数学

教材(或配套练习册).

例3：某企业在年初借款 A 元,从该年年末开始,每年末偿还相同的金额,恰在第 n 年年末还清,已知年利率为 r,试问每次偿还的金额是多少?

分析：用两种方法表示本利和,从而建立等量关系,解方程即可.

解：设每次偿还 a 元,则第 n 年年末还清借款时,还款本利和为

$$a(1+r)^{n-1}+a(1+r)^{n-2}+\cdots+a(1+r)+a=\frac{a\left[(1+r)^{n}-1\right]}{r},$$

另一方面年初借款 A 元,到第 n 年年末本利和是 $A(1+r)^n$ 元,

所以 $\dfrac{a\left[(1+r)^{n}-1\right]}{r}=A(1+r)^{n}$,解得 $a=\dfrac{Ar(1+r)^{n}}{(1+r)^{n}-1}$.

例4：设 f 是定义在 $[0,1]$ 上的函数,满足：① $f(0)=0,f(1)=1$；② 对任意 $x,y\in[0,1]$,$x\leq y$,都有 $f\left(\dfrac{x+y}{2}\right)=(1-a)f(x)+af(y)$,其中 $0<a<1$. 求实数 a 的值.

解：由②得 $f\left(\dfrac{1}{2}\right)=(1-a)f(0)+af(1)=a$,

$$f\left(\frac{1}{4}\right)=af\left(\frac{1}{2}\right)=a^{2},$$

$$f\left(\frac{3}{4}\right)=f\left(\frac{\frac{1}{2}+1}{2}\right)=(1-a)f\left(\frac{1}{2}\right)+af(1)=2a-a^{2}.$$

有了 $f\left(\dfrac{1}{4}\right)$、$f\left(\dfrac{3}{4}\right)$,可以用另一种方法来表达 $f\left(\dfrac{1}{2}\right)$：

$$f\left(\frac{1}{2}\right)=f\left(\frac{\frac{1}{4}+\frac{3}{4}}{2}\right)=(1-a)f\left(\frac{1}{4}\right)+af\left(\frac{3}{4}\right)=(1-a)a^{2}+a(2a-a^{2}),$$

于是 $a=(1-a)a^{2}+a(2a-a^{2})$,整理得 $a(a-1)\left(a-\dfrac{1}{2}\right)=0$,故 $a=\dfrac{1}{2}$.

关于"运算",值得深入思考的问题还有很多.比如,线性运算是最简单的,很多运算都转化为线性运算,线性方程、线性函数、线性规划、向量和矩阵、立体几何的点线面关系都是线性的,线性数学的观念应在高中数学中得到加强,新课程改革中用向量处理立体几何问题就是强化线性数学观念的一个例证.又如,谈运算自然要谈运算律,运算律是解决各种各样代数问题的核心.考察向量运算律的几何意义,可以发现空间的基本性质和几何的基本定理都能有系统地转换成向量代数中的运算律.

著名华人数学家项武义先生在第四届"苏步青数学教育奖"颁奖大会上的报告中提到,"代数的根本在于数的运算和运算律,几何的根本在于空间的基本结构和基本性质". 即使是几何的研究,一旦量化之后也必然会涉及到代数运算,以代数运算的结果来刻画几何中的不变量,比如凸多面体的欧拉公式 $V - E + F = 2$."运算"在高中数学中的价值和地位是不言而喻的.

拓展阅读与练习:

1. 求证:$(C_n^1)^2 + 2(C_n^2)^2 + \cdots + n(C_n^n)^2 = nC_{2n-1}^{n-1}$.

证明: 构造模型:从 n 名男生、n 名女生中选出 n 人,这 n 人中有一名女生担任班长,考虑有多少种选法.

一方面,先选一名女生担任班长有 $C_n^1 = n$ 种方法,再从其余 $2n - 1$ 人中选 $n - 1$ 人有 C_{2n-1}^{n-1} 种方法,共有 nC_{2n-1}^{n-1} 种选法. 另一方面,对于 $k = 1, 2, \cdots, n$,从 n 名女生中选 k 人,再从这 k 人中选一人担任班长,有 kC_n^k 种方法;从 n 名男生中选 $n - k$ 人,有 $C_n^{n-k} = C_n^k$ 种方法,于是共有 $\sum_{k=1}^{n} k(C_n^k)^2$ 种方法,故有

$$(C_n^1)^2 + 2(C_n^2)^2 + \cdots + n(C_n^n)^2 = nC_{2n-1}^{n-1}.$$

2. (2014年高考江苏卷)设数列 $\{a_n\}$ 的前 n 项和为 S_n. 若对任意正整数 n,总存在正整数 m,使得 $S_n = a_m$,则称 $\{a_n\}$ 是"H 数列".

(1) 设 $\{a_n\}$ 是等差数列,其首项 $a_1 = 1$,公差 $d < 0$. 若 $\{a_n\}$ 是"H 数列",求

d 的值；

（2）证明：对任意的等差数列 $\{a_n\}$，总存在两个"H 数列" $\{b_n\}$ 和 $\{c_n\}$，使得 $a_n = b_n + c_n (n \in \mathbf{N}^*)$ 成立.

解：（1）由题意设 $a_m = 1 + (m-1)d$；又等差数列 $\{a_n\}$ 的前 n 项和 $S_n = n + \dfrac{n^2 - n}{2}d$；由题意知对任意正整数 n，总存在正整数 m，使得 $S_n = a_m$，即

$$1 + (m-1)d = n + \dfrac{n^2 - n}{2}d, \quad \cdots\cdots(*)$$

那么 m 随着 n 的变化而变化，可设满足函数关系式 $m = f(n)$.

又 $d<0$，要使 $(*)$ 对任意正整数 n 恒成立，则有

$$m = f(n) = \dfrac{1}{2}n^2 + Bn + C.$$

代入 $(*)$ 式得 $\dfrac{d}{2}n^2 + Bdn + (1 - d + Cd) = \dfrac{d}{2}n^2 + \left(1 - \dfrac{d}{2}\right)n$，即

有 $\begin{cases} Bd = 1 - \dfrac{d}{2}, \\ 1 - d + Cd = 0. \end{cases}$

又当 $n = 1$ 时，$m = n = 1$，即 $\dfrac{1}{2} + B + C = 1$，由此可以解得 $B = -\dfrac{3}{2}$，$C = 2$，$d = -1$. 此时 $a_n = 2 - n$.

（2）由（1）的解答过程可知：

在公差为 d_1 的等差数列 $\{b_n\}$ 中，若 $\dfrac{b_1}{d_1} = -1$，则 $\{b_n\}$ 是"H 数列"，此时 $b_n = b_1 + (n-1)d_1 = 2b_1 - b_1 n$.

同理，在公差为 d_2 的等差数列 $\{c_n\}$ 中，若 $\dfrac{c_1}{d_2} = 1$，则 $\{c_n\}$ 是"H 数列"，此时 $c_n = c_1 + (n-1)d_2 = c_1 n$.

对任意的等差数列 $\{a_n\}$,记 $a_n = An + B$(A、B 为常数).

令 $a_n = b_n + c_n$,则 $-b_1 + c_1 = A$,$2b_1 = B$,解得 $b_1 = \dfrac{B}{2}$,$c_1 = A + \dfrac{B}{2}$.

所以,对任意的等差数列 $\{a_n\}$,总存在两个等差"H 数列"$\{b_n\}$ 和 $\{c_n\}$,使得 $a_n = b_n + c_n$($n \in \mathbf{N}^*$)成立.

第 14 讲 欣赏不变量与不变性

科学研究的目的是在纷繁变化的大自然中寻求不变的性质和数量. 物理学的动量守恒定律、能量守恒定律;化学中的化学反应平衡方程式;生物学进化论中物种变异的分类依据,都是某种不变性质的探究结果. 而藤蔓的两种缠绕数之差为 1,则是大自然中存在的不变量的具体实例.

数学研究主要是在数量变化中寻求其中的不变因素. 许多数学定理和数学运算律都是一种不变性的描述. 在数学学习过程中,随处可见各种变化:代数式的变形、方程的变式、函数性质的变化、图形的变换、方程与曲线的表示等等都是. 在如此纷繁的变化中,倘若能把握某些变化中的不变量和不变性质,则会感受数学之美,显示数学智慧之光. 本讲我们一起来欣赏不变量和不变性质.

1. 代数中的不变量与不变性

代数的根本在于数的运算和运算律,运算律实际上就是刻画了数(包括向量)在运算中的某种不变性. 在高中教材中有多处存在着跟运算律有关的难点问题,比如:指数运算的运算律 $(a^m)^n = a^{mn}$,当 $a \in \mathbf{C}$ 时,对幂指数 m,n 有何要求?向量数量积运算中的分配律 $(\vec{a}+\vec{b}) \cdot \vec{c} = \vec{a} \cdot \vec{c} + \vec{b} \cdot \vec{c}$ 如何证明?

具体地分析,高中代数中的不变量与不变性主要反映在以下几个方面.

首先是代数式的恒等变换.在代数运算中,用等号表示不同运算下的数值不变性,而从数的运算到式的运算,同样有不变性.因式分解、配方、合并同类项,都是代数式的恒等变换.恒等变换是学习数学的基本功之一,高中阶段最典型的恒等变换就是三角恒等式,变换的是等式的形式,不变的是变量之间的关系.不等式也有变换下的不变性,比如基本不等式 $\dfrac{a+b}{2} \geqslant \sqrt{ab}(a,b \in \mathbf{R}^+)$ 其实是一种恒不等式,表明两个正数的算术平均数总是大于几何平均数的.

其次是同解变换,方程变形根不变,不等式的解集不变.等式两边同加上(减去)一个数(式子),所得结果仍是等式;等式两边同乘以(除以)一个非零数,所得结果仍是等式.等式的内涵变了,数值不同了,但等式变化后还是等式,解方程的过程就是等式不断变形而方程的根保持不变.不等式也有和等式类似的运算性质,从而解不等式的过程也是同解变形的过程,无论形式如何变化,不等式的解集不变.

最后,让我们来分析"函数"概念中的变与不变.函数研究变量之间的依赖关系,自然要谈变化.但是只说变,而找不到一定的规律,就没有什么价值了,细细想来,不同的函数纵然千变万化,但在变化之中总有一些保留的"不变性"、"规律性",将之提炼出来,就是性质.比如某些变化量会随着一个量的变化而有增有减、有快有慢,有时达到最大值有时处于最小值,有些变化会有规律,或重复出现,或对称出现……这些现象反映到函数中,就成了单调性、最值、周期性、奇偶性等性质.知道了函数性质,也就把握了函数变化的规律,掌握了函数的知识,领悟了函数的思想.

例1:(2012年辽宁省联赛预赛题)设函数 $f(x) = \dfrac{1}{2} + \log_2 \dfrac{x}{1-x}$,$S_n = \sum\limits_{i=1}^{n-1} f\left(\dfrac{i}{n}\right)$,其中 $n \in \mathbf{N}^*$,且 $n \geqslant 2$,则 $S_n = $ _____.

解: 当 $x_1 + x_2 = 1$ 时,$f(x_1) + f(x_2) = 1 + \log_2 \dfrac{x_1 x_2}{(1-x_1)(1-x_2)} = 1$,

$$2S_n = \sum_{i=1}^{n-1}\left[f\left(\frac{i}{n}\right)+f\left(\frac{n-i}{n}\right)\right] = n-1, 故 S_n = \frac{n-1}{2}.$$

2. 几何中的不变量与不变性

F·克莱因在爱尔朗根纲领中提出"几何学,就是研究图形对于某类变换保持不变的性质的学问",意味着人们对几何认识的深化.它把所有几何化为统一的形式,对以后几何的发展起了指导性的作用,具有深远的历史意义.

在高中之前,我们就学习过平移、旋转、轴对称、相似等图形变换.在这些几何变换下的不变量和不变性质,成为运动几何的研究主题.

全等形经过刚体运动是不变的.在刚体运动下,线段的长度不变,角度不变,形状不变,因而面积不变.这样,计算面积时使用割补的原理也就顺理成章了.要知道,我们割下来,搬过来搬过去,补上去,都是基于运动不变的原理.假如,割下来的三角形是冰做的,在搬动时融化了,割补方法还能有效吗?同理,相似形在相似变换下,对应边的比值不变,角度不变,面积的比值也不变.

在高中解析几何的很多问题中,虽然数量、图形在发生变化,但其中往往隐含着某些不变量(不变性质).比如,动点在某种约束下运动,形成轨迹问题;某些几何元素按一定的规律在确定的范围内变化时,与它相关的某些几何元素或几何度量的代数量(比如线段长度的和、直线斜率的乘积等)保持不变,形成定值问题.

在变化过程中发现并挖掘利用这些不变量,常能使问题化难为易.

例2:(2009年高考全国卷)已知 AC、BD 为圆 $O: x^2+y^2=4$ 的两条互相垂直的弦,垂足为 $M(1,\sqrt{2})$,则四边形 $ABCD$ 的面积的最大值为_____.

解:如图14-1,作 $OE \perp AC$,$OF \perp BD$,则四边形 $OFME$ 是矩形,$OE^2 + OF^2 = 3$.由垂径定理知 $AC = 2\sqrt{4-OE^2}$,$BD = 2\sqrt{4-OF^2}$,于是四边形 $ABCD$ 的面积

$$S = \frac{1}{2}AC \cdot BD = 2\sqrt{4-OE^2} \cdot \sqrt{4-OF^2} \leq (4-OE^2)+(4-OF^2) = 5,$$

当且仅当 $OE = OF = \dfrac{\sqrt{6}}{2}$ 时,$S_{\max} = 5$.

抓住由定点 M 产生的 $OE^2 + OF^2 = 3$ 这个不变量是解决问题的关键.

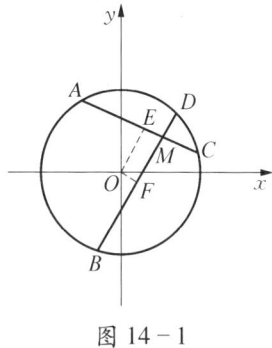

图 14-1   图 14-2

例 3:(2015 年高考上海卷)如图 14-2,在锐角 $\triangle ABC$ 中,$\tan A = \dfrac{1}{2}$,D 为 BC 边上的一点,$\triangle ABD$ 与 $\triangle ACD$ 面积分别为 2 和 4,过点 D 作 $DE \perp AB$ 于点 E,$DF \perp AC$ 于点 F,则 $\overrightarrow{DE} \cdot \overrightarrow{DF} = $ _____.

解:由题可知,$\cos \angle EDF = -\cos A$,

$$S_{\triangle ABD} = \dfrac{1}{2}|AB||DE| = 2,\ S_{\triangle ACD} = \dfrac{1}{2}|AC||DF| = 4,$$

$$S_{\triangle ABC} = \dfrac{1}{2}|AB||AC|\sin A = 6,\text{所以 }|DE| = \dfrac{4}{|AB|},\ |DF| = \dfrac{8}{|AC|},$$

$|AB||AC| = \dfrac{12}{\sin A}$.

$\overrightarrow{DE} \cdot \overrightarrow{DF} = |\overrightarrow{DE}| \cdot |\overrightarrow{DF}| \cos \angle EDF = -\dfrac{4}{|AB|} \dfrac{8}{|AC|} \cos A = -\dfrac{32}{|AB||AC|} \cos A$,化简可得 $\overrightarrow{DE} \cdot \overrightarrow{DF} = -\dfrac{8}{3}\sin A \cos A = -\dfrac{4}{3}\sin 2A = -\dfrac{4}{3} \cdot \dfrac{2\tan A}{1 + \tan^2 A} = -\dfrac{16}{15}$.

面积是"帝王"不变量(张奠宙语),由面积建立起题中各种量之间的联系,是解决本题的关键.

3. 数学定理中的不变量与不变性

数学上比较深刻的结果,通常称为定理,所有的定理都具有某种不变量和呈现某种不变性.在具有相同条件但各不相同的情境下,都具有一样的数量或者一样的性质,只有找到某种共同的不变性,才能反映定理的深刻性.

中学阶段,几何学中的定理特别多,比如三角形三条高线(中线、内角平分线、边的中垂线)交于垂心(重心、内心、外心),三角形的正弦定理、余弦定理,圆锥曲线的光学性质等不变性质,都充分体现了数学结构之美.又比如多边形的外角和为 π,简单多面体的欧拉公式 $V-E+F=2$ 等几何不变量,则让人感叹于造物主的奇妙安排.

4. 数学与文学的共性——不变性

数学和文学的思考方法往往是相通的.数学中有对称,诗词中讲对仗.乍看上去两者似乎风马牛不相及,其实它们在理念上具有鲜明的共性——在变化中保持着不变性质.

先看诗词中的对仗.

比如杜甫《绝句》:"两个黄鹂鸣翠柳,一行白鹭上青天.窗含西岭千秋雪,门泊东吴万里船."从上句变到下句,文字是变了,但是整体的韵律没有变,诗中的"两个"对"一行"(数量结构对数量结构),"黄鹂"对"白鹭"(禽类名词相对),"翠"对"青"(颜色名词相对),"千"对"万"(数词相对),都是同类词相对.

除了词性在变化中的不变性外,诗歌中的对仗对平仄也有明确的要求,律诗就要求出句和对句的平仄是相对立的;出句的字和对句的字是不能重复的.比如毛泽东《长征》诗中第五、六两句:"金沙水拍云崖暖,大渡桥横铁索寒."其中,"金沙"对"大渡"是平平对仄仄,"水拍"对"桥横"是仄仄对平平,"云崖"对"铁索"是平平对仄仄,"暖"对"寒"是仄对平,这些就是对立,这种对立依然是一种不变性.正因为有这样的不变性质,对仗才显得美.

再看从律诗演化出来的对联(对子).明朝才子解缙留下一副对子:"墙上芦苇,头重脚轻根底浅;山间竹笋,嘴尖皮厚腹中空."这里上联出句的用字和下联对句的用字不相重复,而它们的平仄则是相对立的,这就保持了许多的不变性.

对仗之美在于它的不变性,假如上联的词语变到下联,含义、词性、格律全都变了,就成了白开水还有什么味道?

总之,数学中到处都是变与不变的矛盾统一,数学研究变化,却以找到其中的不变性作为归宿,寻求并欣赏数学中无处不在的不变性质,领略不变量和不变性的内在魅力,是把握数学的钥匙之一.

拓展阅读与练习:

1. 伸缩变换.

令 $\begin{cases} x = ax' \\ y = by' \end{cases}$,将点 $P(x, y)$ 的横坐标变为原来的 $\dfrac{1}{a}$、纵坐标变为原来的 $\dfrac{1}{b}$,得到点 $P'(x', y')$,这样的变换称为伸缩变换. 伸缩变换 $T: \begin{cases} x = ax' \\ y = by' \end{cases}$ 将椭圆 $\dfrac{x^2}{a^2} + \dfrac{y^2}{b^2} = 1$ 转化为圆 $x'^2 + y'^2 = 1$.

伸缩变换的性质:

性质1:变换前后直线与曲线相切(相交、相离)的位置关系不变.

性质2:若 A、B、C 三点共线,则变换后 A'、B'、C' 三点依然共线,且对应长度的比值不变,如 $\dfrac{|AB|}{|BC|} = \dfrac{|A'B'|}{|B'C'|}$(特别地,当点 B 为线段 AC 中点时,点 B' 为

线段 $A'C'$ 的中点).

性质3：直线 l 经过伸缩变换 T 后仍为直线，若变换前后直线的斜率分别为 k、k'，则 $k' = \dfrac{a}{b}k$，这也说明了伸缩变换不改变平行关系.

性质4：$\triangle ABC$ 经过变换后为 $\triangle A'B'C'$，且 $S_{\triangle ABC} = ab \cdot S_{\triangle A'B'C'}$.

问题：求椭圆 $\Gamma: \dfrac{x^2}{a^2} + \dfrac{y^2}{b^2} = 1(a > b > 0)$ 内接三角形面积的最大值.

解：首先利用均值不等式和琴生不等式证明"在圆内接三角形中，等边三角形面积最大".

设半径为 R 的圆内接三角形为 $\triangle ABC$. 因为 $a = 2R\sin A$，$b = 2R\sin B$，

$$S_{\triangle ABC} = \frac{1}{2}ab\sin C = 2R^2\sin A\sin B\sin C \leq 2R^2\left(\frac{\sin A + \sin B + \sin C}{3}\right)^3 \leq$$

$$2R^2\left(\sin\frac{A+B+C}{3}\right)^3 = 2R^2\left(\frac{\sqrt{3}}{2}\right)^3 = \frac{3\sqrt{3}}{4}R^2.$$

利用伸缩变换 $T: \begin{cases} x = ax' \\ y = by' \end{cases}$ 将椭圆 $\dfrac{x^2}{a^2} + \dfrac{y^2}{b^2} = 1$ 转化为圆 $x'^2 + y'^2 = 1$，则椭圆的内接三角形转化为圆的内接三角形，而圆 $x'^2 + y'^2 = 1$ 的内接三角形面积的最大值为 $\dfrac{3\sqrt{3}}{4}$，故椭圆 $\Gamma: \dfrac{x^2}{a^2} + \dfrac{y^2}{b^2} = 1(a > b > 0)$ 内接三角形面积的最大值为 $\dfrac{3\sqrt{3}}{4}ab$.

2. 设异于原点的动点 $A(x_1, y_1)$，$B(x_2, y_2)$ 在抛物线 $y^2 = 2px(p > 0)$ 上且 $OA \perp OB$. 若 $OM \perp AB$ 交 AB 于 M，求点 M 的轨迹方程.

解：$OA \perp OB \Leftrightarrow x_1x_2 + y_1y_2 = 0 \Leftrightarrow \dfrac{y_1^2}{2p} \cdot \dfrac{y_2^2}{2p} + y_1y_2 = 0 \Leftrightarrow y_1y_2 = -4p^2 \Leftrightarrow x_1x_2 = 4p^2$.

联立方程 $\begin{cases} y^2 = 2px \\ x = my + c \end{cases} \Rightarrow y^2 - 2pmy - 2pc = 0 \Rightarrow y_1y_2 = -2pc = -4p^2 \Rightarrow c = 2p.$

所以，l_{AB} 过点 $R(2p, 0)$.

在 $\mathrm{Rt}\triangle OPM$ 中，$|MR| = \dfrac{1}{2}|OP| = p$，所以点 M 的轨迹方程为 $(x-p)^2 + y^2 = p^2 (x > 0)$.

第15讲 无限：用"有限"来承载

"无限"是高中数学中的一个核心概念，通常指空间没有边际或尽头、时间没有终结，类似和相关的术语有"无穷""无界""极限"等．无限与"有限"相对，组成辩证法的一对范畴；无限只能通过有限而存在，但不能归结为有限的简单的量的总和．

数学是关于无限的科学，高中数学教材几乎每个章节和模块中都有"无限"的影子．从教材内容的本质看，认识和掌握"无限"是高中数学课程的基本要求，也是后续学好高等数学的必备技能．

欣赏"无限"，需要统整高中数学中与之相关的知识内容，系统地思考蕴涵其中的数学思想方法，在透视"无限"的人文意境的同时，注重"无限"研究中的理性精神的提炼和剖析．

1. 分析"无限"的理性精神

无限存在于有限的认识之中，以"有限"承载"无限"，是解决无限问题的基本思想．无论是对"无限"对象的表达还是对"无限"对象的性质研究，都是秉承着"化无限为有限"的原则，这也是研究"无限"的理性精神之所在．

1.1 "无限"对象的表达

对"无限"对象的表达,通常有三种"化无限为有限"的方式.

第一种是以"任意"代替"无限". 比如线面垂直的定义"直线 l 垂直于平面 α 上的任意一条直线,则直线 l 垂直于平面 α",函数单调性定义"如果对于任意 x_1, $x_2 \in I$,当 $x_1 < x_2$ 时,都有 $f(x_1) < f(x_2)$,那么称 $f(x)$ 在区间 I 上是单调增函数". 无论是"任意一个"还是"任意两个",都是将这"有限"的一个或两个作为"无限"个对象的共性代表,以个体代表整体. 又如线面垂直的判定定理"若直线 l 垂直于平面 α 上的两条相交直线 m, n,则 $l \perp \alpha$",这里的两条相交直线 m, n 承载着平面 α 上的任意一条直线 a,因为根据平面向量基本定理,两条相交直线 m, n 的方向向量构成了平面 α 上所有向量的基底,任意一条直线 a 的方向都可以由这组基底的线性组合表示. 基底表示的思想,是"任意"代替"无限"的典型范例,是线性代数的核心思想之一.

第二种是以"递推"关系表示可数的"无限". 能与自然数集 $\mathbf{N}$ 建立元素之间一一对应的集合,称为可数集,比如数列 $\{a_n\}$ 就构成了一个可数集. 数列的递推公式其实就是通过"由上至下"的递推关系来表示数列的"无限"项.

第三种是以"对应"关系刻画不可数的"无限". 不能与自然数集 $\mathbf{N}$ 建立元素之间一一对应关系的无限集合称为不可数集,比如区间 $[a, b]$. 人们常常通过建立与某个熟悉的集合的对应关系来刻画不可数集,进而研究其性质.

构造两个无限集(包括可数集和不可数集)之间的一一对应关系(函数),既是对高中函数相关知识的梳理,也是对深入学习高等数学的潜能的考查,因此在高考和大学自主招生考试中备受命题人青睐. 比如:

例1:(2013年高考福建卷)设 S, T 是 $\mathbf{R}$ 的两个非空子集,如果存在一个从 S 到 T 的函数 $y = f(x)$ 满足:(1) $T = \{f(x) \mid x \in S\}$;(2) 对任意 x_1, $x_2 \in S$,当 $x_1 < x_2$ 时,恒有 $f(x_1) < f(x_2)$,那么称这两个集合"保序同构". 以下集合对不是"保序同构"的是( )

(A) $A = \mathbf{N}^*$, $B = \mathbf{N}$

(B) $A = \{x \mid -1 \leqslant x \leqslant 3\}$, $B = \{x \mid x = -8 \text{ 或 } 0 < x \leqslant 10\}$

(C) $A = \{x \mid 0 < x < 1\}$, $B = \mathbf{R}$

(D) $A = \mathbf{Z}, B = \mathbf{Q}$

这里,对于选项(A),可以构造函数 $f(x) = x - 1$;对于选项(B),构造

$$f(x) = \begin{cases} \dfrac{5}{2}x + \dfrac{5}{2}, & -1 < x \leqslant 3 \\ -8, & x = -1 \end{cases}$$

;对于选项(C),构造 $f(x) = \tan \pi \left(x - \dfrac{1}{2} \right)$;至于

(D),假设存在这样一个从 $\mathbf{Z}$ 到 $\mathbf{Q}$ 的"保序同构"映射 f,则容易发现,$\dfrac{f(0)+f(1)}{2} \in \mathbf{Q}$ 在 $\mathbf{Z}$ 中没有原像,故 $\mathbf{Z}$ 与 $\mathbf{Q}$ 不是保序同构的.

例2:(2006年复旦大学自主招生考试)试构造函数 $f(x), g(x)$,其定义域为 $(0, 1)$,值域为 $[0, 1]$.

(1) 对于任意 $a \in [0, 1], f(x) = a$ 只有一解;

(2) 对于任意 $a \in (0, 1), g(x) = a$ 有无穷多个解.

对于第(1)小题,可以构造函数

$$f(x) = \begin{cases} 0, & x = \dfrac{1}{2} \\ \dfrac{x}{1-2x}, & x = \dfrac{1}{n} (n = 3, 4, 5, \cdots) \\ x, & x \in (0, 1) \text{ 且 } x \neq \dfrac{1}{n} (n = 2, 3, \cdots) \end{cases}$$

,对于第(2)小题,可以构造

$g(x) = \left| \sin \dfrac{1}{x} \right|, x \in (0, 1)$.

"对应"是研究无限集的常用方法,而"可数"与"不可数"之间也不存在不可逾越的鸿沟.

1.2 "无限"对象的性质研究

对"无限"对象的性质研究,根据对象的具体情况,有三种常见的处理方式.

对于具有周期性的数学对象,如周期函数、周期数列等,只需要研究一个周期的性质,就可以由"有限"部分的性质推知"无限"整体的性质.

对于趋向于某个有限值的量,如数列、频率等,都是探究量的无限进展背后蕴含着的质的规定性. 在高中数学中,这一探究过程有几种不同的表现形式:

(1) 数列的极限(函数的极限)——在 n 无限增大的变化过程中,如果无穷数列 $\{a_n\}$ 的通项 a_n 无限趋近于一个常数 A,那么称 A 为数列 $\{a_n\}$ 的极限,或称数列 $\{a_n\}$ 收敛于 A,记为 $\lim\limits_{n\to\infty} a_n = A$.

(2) (黎曼)积分——称在区间 $[a,b]$ 中插入有限多个分点 $a = x_0 < x_1 < \cdots < x_n = b$ 为 $[a,b]$ 的一个分割 P,并记 $\|P\| = \max\{x_1 - x_0, x_2 - x_1, \cdots, x_n - x_{n-1}\}$;对定义在区间 $[a,b]$ 上的函数 f,若存在实数 I,使得对任意 $\varepsilon > 0$,存在 $\delta > 0$,只要 $\|P\| < \delta$,总有 $\left|\sum\limits_{k=1}^{m} f(\xi_k)(x_k - x_{k-1}) - I\right| < \varepsilon$,其中 $\xi_k \in [x_{k-1}, x_k]$ 是对于分割 P 任取的一组实数,则称 I 为 f 在区间 $[a,b]$ 上的积分,记作 $\int_a^b f(x)dx$;上述过程可以形式地写作 $\int_a^b f(x)dx = \lim\limits_{\|P\|\to 0}\sum\limits_{k=1}^{m} f(\xi_k)(x_k - x_{k-1})$.

(3) 频率稳定于概率——事件出现的频率 $\dfrac{m}{n}$ 稳定于概率 p,指的是"当试验次数 n 无限增大时,事件出现的频率与概率相差较大的可能性趋近于 0",即对 $\forall \varepsilon > 0, \lim\limits_{n\to\infty} P\left(\left|\dfrac{m}{n} - p\right| \geq \varepsilon\right) = 0$.

对于存在极限的数列,除了利用各种技巧求出极限值外,判断数列收敛或者近似估计数列极限的取值范围,也是常见的化无限为有限的方法. 欧拉通过类比正弦函数的泰勒展开式求出 $\sum\limits_{n=1}^{\infty} \dfrac{1}{n^2} = \dfrac{\pi^2}{6}$,这是求出极限值的经典范例. 利用单调有界定理判断极限是否存在是不难的,但是大量收敛数列的极限值常常没有简单的初等表示,因此估计极限值的取值范围就是研究的常见手段. 历年高考中有各种数列不等式问题(甚至常常作为压轴题出现),它们大多属于这类问题. 比如:

例 3:求证:$\sum\limits_{i=1}^{n}\left(\dfrac{1}{2^i + 1} - \dfrac{1}{2^{i+1} - 1}\right) < \dfrac{1}{4}$.

分析：这道题其实就是对 $\sum_{i=1}^{n}\left(\dfrac{1}{2^i+1}-\dfrac{1}{2^{i+1}-1}\right)$ 上界的估计，通常是放缩为等比数列或者可裂项的数列，对后者求和求出上界，进而证明不等式．

解：（方法 1）对任意 $i\in\mathbf{N}^*$，有 $\dfrac{1}{2^i+1}-\dfrac{1}{2^{i+1}-1}\leqslant\dfrac{1}{2^i}-\dfrac{1}{2^{i+1}}=\dfrac{1}{2^{i+1}}$，故有

$$\sum_{i=1}^{n}\left(\dfrac{1}{2^i+1}-\dfrac{1}{2^{i+1}-1}\right)=\sum_{i=2}^{n}\left(\dfrac{1}{2^i+1}-\dfrac{1}{2^{i+1}-1}\right)\leqslant\sum_{i=2}^{n}\dfrac{1}{2^{i+1}}$$

$$=\dfrac{\dfrac{1}{8}\left(1-\dfrac{1}{2^{n-1}}\right)}{1-\dfrac{1}{2}}<\dfrac{1}{4}.$$

（方法 2）对任意 $i\in\mathbf{N}^*$，有 $\dfrac{1}{2^i+1}-\dfrac{1}{2^{i+1}-1}\leqslant\dfrac{1}{2^i-1}-\dfrac{1}{2^{i+1}-1}$，故有

$$\sum_{i=1}^{n}\left(\dfrac{1}{2^i+1}-\dfrac{1}{2^{i+1}-1}\right)=\left(\dfrac{1}{5}-\dfrac{1}{7}\right)+\sum_{i=3}^{n}\left(\dfrac{1}{2^i+1}-\dfrac{1}{2^{i+1}-1}\right)$$

$$\leqslant\left(\dfrac{1}{5}-\dfrac{1}{7}\right)+\sum_{i=3}^{n}\left(\dfrac{1}{2^i-1}-\dfrac{1}{2^{i+1}-1}\right)$$

$$<\left(\dfrac{1}{5}-\dfrac{1}{7}\right)+\dfrac{1}{7}<\dfrac{1}{4}.$$

以上两种放缩方法中，特别需要注意的是：为了避免放缩得过大，对于数列的前几项不放缩是常见技巧．比如方法 1 是从第 2 项开始放缩的，方法 2 是从第 3 项开始放缩的．

类似的例子在高等数学中比比皆是，因此，在高中阶段充分理解"无限"概念的理性精神，对同学们未来的数学学习大有裨益．

2. 解读"无限"的人文意境

能够体现"无限"意境的诗词很多，比如"无边落木萧萧下，不尽长江滚滚

来"(杜甫《登高》),"前不见古人,后不见来者"(陈子昂《登幽州台歌》).将数学中的"无限"与文学中的名句相沟通,解读"无限"的人文意境,最重要的是以文学解读"以有限承载无限"的研究方法.

比如在判断直线与平面是否垂直时,不可能根据定义来研究直线与平面内所有直线(无穷多条)是否垂直.这时,引用庄子的话"吾生也有涯,而知也无涯.以有涯随无涯,殆已",得出的智慧就是利用有限来判断无限,于是"线面垂直的判定定理"便呼之欲出了.

下面列举与数学中研究"无限"的方法有意境相通之处的若干名句:(1)"满园春色关不住,一支红杏出墙来"(叶绍翁《游园不值》)——形容无界变量;(2)"道生一,一生二,二生三,三生万物"(老子《道德经》)——形容数列递推;(3)"孤帆远影碧空尽,唯见长江天际流"(李白《送孟浩然之广陵》)——刻画极限;(4)"离离原上草,一岁一枯荣"(白居易《赋得古原草送别》)——刻画周期现象;(5)"见一叶落而知岁之将暮"(《淮南子·说山训》)——以"任意"表达"无限"……

拓展阅读与练习:

1. 已知 $\sin x = x - \dfrac{x^3}{3!} + \dfrac{x^5}{5!} - \dfrac{x^7}{7!} + \cdots + (-1)^{n-1}\dfrac{x^{2n-1}}{(2n-1)!} + \cdots$,由 $\sin x = 0$ 有无穷多个根 $0, \pm\pi, \pm 2\pi, \pm 3\pi, \cdots$,可得 $\sin x = x\left(1 - \dfrac{x^2}{\pi^2}\right)\left(1 - \dfrac{x^2}{4\pi^2}\right)\left(1 - \dfrac{x^2}{9\pi^2}\right)\cdots$,把这个式子的右边展开,发现 $-x^3$ 的系数为 $\dfrac{1}{\pi^2} + \dfrac{1}{(2\pi)^2} + \dfrac{1}{(3\pi)^2} + \cdots = \dfrac{1}{3!}$,即 $\dfrac{1}{1^2} + \dfrac{1}{2^2} + \dfrac{1}{3^2} + \cdots = \dfrac{\pi^2}{6}$.请由 $\cos x = 1 - \dfrac{x^2}{2!} + \dfrac{x^4}{4!} - \dfrac{x^6}{6!} + \cdots + (-1)^{n-1}\dfrac{x^{2(n-1)}}{2(n-1)!} + \cdots$ 出发,类比上述思路与方法,写出类似的一个结论 _____.

解：（方法1）$\cos x = 0$ 有无穷个根 $\pm\dfrac{\pi}{2}$，$\pm\dfrac{3\pi}{2}$，$\cdots$，故有 $\cos x = \left(1 - \dfrac{x^2}{\dfrac{\pi^2}{4}}\right)\left(1 - \dfrac{x^2}{\dfrac{9\pi^2}{4}}\right)\cdots$，比较 x^2 的系数得 $\dfrac{4}{\pi^2} + \dfrac{4}{9\pi^2} + \dfrac{4}{25\pi^2} + \cdots = \dfrac{1}{2}$，即 $\dfrac{1}{1^2} + \dfrac{1}{3^2} + \dfrac{1}{5^2} + \cdots = \dfrac{\pi^2}{8}$.

（方法2）：$\cos x = 1$ 有无穷个根 0，$\pm 2\pi$，$\pm 4\pi$，$\cdots$（偶函数，均为二重根），故有 $\cos x - 1 = -\dfrac{1}{2}x^2\left(1 - \dfrac{x^2}{4\pi^2}\right)^2\left(1 - \dfrac{x^2}{16\pi^2}\right)^2\cdots$，比较 x^4 的系数得 $\dfrac{1}{4\pi^2} + \dfrac{1}{16\pi^2} + \dfrac{1}{36\pi^2} + \cdots = \dfrac{1}{4!}$，整理得 $\dfrac{1}{1^2} + \dfrac{1}{2^2} + \dfrac{1}{3^2} + \cdots = \dfrac{\pi^2}{6}$.

2. 求证：$\dfrac{1}{2-1} + \dfrac{1}{2^2-1} + \dfrac{1}{2^3-1} + \cdots + \dfrac{1}{2^n-1} < \dfrac{5}{3}(n \in \mathbf{N}^*)$.

证明： 对任意 $i \in \mathbf{N}^*$，有 $\dfrac{1}{2^{i+1}-1} = \dfrac{2}{3\cdot 2^i + 2^i - 2} \leqslant \dfrac{2}{3\cdot 2^i}$，故有

$$\dfrac{1}{2-1} + \dfrac{1}{2^2-1} + \dfrac{1}{2^3-1} + \cdots + \dfrac{1}{2^n-1} = 1 + \sum_{i=1}^{n-1}\dfrac{1}{2^{i+1}-1}$$

$$\leqslant 1 + \sum_{i=1}^{n-1}\dfrac{2}{3\cdot 2^i} < 1 + \sum_{i=1}^{\infty}\dfrac{2}{3\cdot 2^i} = 1 + \dfrac{\dfrac{1}{3}}{1-\dfrac{1}{2}} = \dfrac{5}{3}.$$

附录：学生作品

数学名词的欣赏

华东师范大学第二附属中学2017届8班　顾臻

伽利略曾说："自然界这本书是用数学语言写的."数学语言当然包括很多,姑且先窥冰山一角,去欣赏一下最浅层的为大众所知的数学名词吧.

从我们第一天接触数学,第一天了解加减乘除开始,各式各样的数学名词就接踵而至.从最基本的,"数字"、"阿拉伯数字"、"负数"到逐渐学习到的"复数"、"抛物线"这些名词在整个知识体系中起着至关重要的作用,有些从字面上就能理解它表达的含义,而有些,却有着独特的内涵和文化,或者需要和图形相结合方能理解.

先举一个简单的例子——约分,约分这个名词第一次出现是在《九章算术》里："可半者半之,不可半者,副置分母、子之数,以少减多,更相减损,求其等也. 以等数约之."这也被称为"更相减损术". 而为什么命名为"约分"呢,我的推断是这样的,约在古代有简单简要的意思,放在"分"之前,做使动用法,化简分数,使其至不可约,即不可再简.

又比如"商数",对于它的命名,尤其是对"商"的定义,我查阅资料的发现有两个可以作为解释,其中一个是"计算、计度"的意思,另一个是"古代计时的漏壶中箭上的刻度",若为前者,虽解释得通,但是计算包括加减乘除各种运算,为什么要单独列除法所得结果为"商数"呢?若为后者,就比较容易阐述,作除即将分子等分为几份,而每一份便恰如那箭上的刻度,相等而均匀.故在我看来,商的含义应该是后者比较说得通.

在了解一些简单的数学名词的含义时,我似乎有了苏轼探石钟山命名缘由的感觉.

除了这些带着古典字义的名词值得我们去欣赏外,还有一些其他类型的同样有趣而值得探究.

在学习解析几何中的双曲线的过程中,"共轭双曲线"大概是大部分同学第一眼看到完全无法理解含义的名词.(下图所示的就是一对共轭双曲线)首先,两头牛背上的架子称为轭,轭使两头牛同步行走.那么,共轭即为按一定的规律相配的一对,即共同使用一个约束条件而形成的不同形态.

对于共轭双曲线而言,从图形上看,其所"共"之"轭"大概就是有图用粗框框出来的矩形以及两条渐近线,而两条渐近线是矩形的衍生品,所以这个"轭"应该就是指那个矩形.所谓解析几何,既有解析也有几何,代数与几何相辅相成.

当其中的矩形确定时,双曲线的实轴与虚轴就定了下来,故两支的顶点到原点的距离就确定了.同时,矩形的对角线固定了双曲线的走向.在这样的两个条件下,双曲线就只有两种可能了.从另一个角度来看,这样的一对双曲线称为孪生亦不为过,出于同母,极为相像,却又不同.

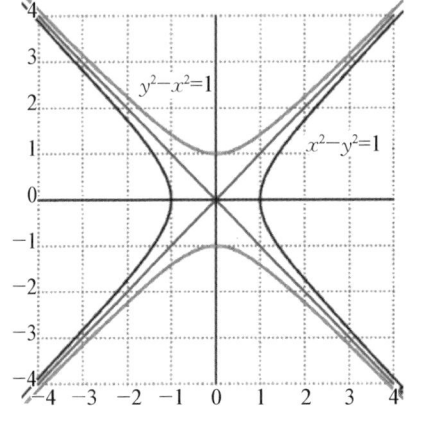
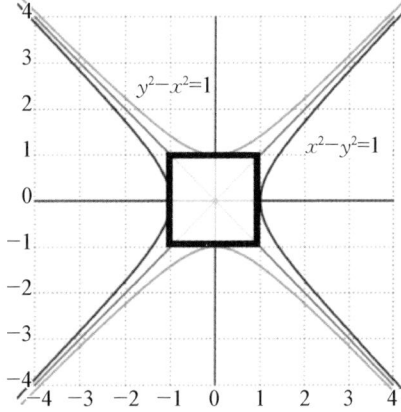

而"共轭"这个词不仅在这里出现过,其他领域中也有,比如"共轭复数". 代数式上来看,共轭复数的表达式为 $a+bi$ 与 $a-bi$. 图形上看,共轭复数关于实轴对称.

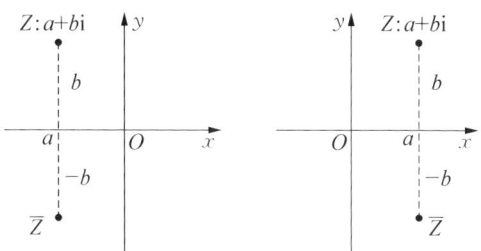

在我看来,共轭复数所共之"轭",可能比双曲线要复杂一些,指的大概是共有一个实部且模长相等. 形象一点来讲,实部相等就像两头牛身上那同一个架子,而两头牛关于这个架子的中垂线是对称的,又导出了模长相等.

数形结合之例太多,举"共轭"之例不仅因为它是数形结合方面的典型,更是由于它的命名与结构形状的整体相关. 在了解了共轭本义之后,对于共轭复数、共轭双曲线图形上、代数上的理解可能会更加深入吧.

综上,数学名词不仅仅是数学思想的折射,更是中华文字、文化的投影. 先贤或者今人以不同的文字来命名数学概念的时候,既要考虑对这个概念的定义概括也要考虑它的和谐优雅,这倒是让我想到了"雅俗共赏",既通俗又优雅,其美盖于此矣.

当然,以上说法也不过是一隅之说,只是我对数学名词之美欣赏的一点想法而已.

点评:顾臻同学选修了校本课程《高中数学欣赏》,这是一篇期终考核的作文. 文章先从常见的数学名词谈起,重点欣赏了"共轭"一词的内涵,视角开阔,文笔较好.

欣赏"有穷"与"无穷"

华东师范大学第二附属中学 2017 届 3 班　杨悦然

从小学学习 123 和加减乘除开始,我们便知道数字是无穷无尽的,当你给我一个数字,我可以找到无数个比它大或是比它小的数字. 所谓的正无穷,我们也不知道它到底有多大,只知道它是没有穷尽的. 数字的无穷其实是很奇妙的,比如说无限小数 $0.9999\cdots$ 看上去永远都比 1 小一点儿,而实际上 $0.9999\cdots=1$,不知道那"一点儿"怎么就没了,这大概就是无穷的魔力所在. 很多无理常数,如 $e=\dfrac{1}{0!}+\dfrac{1}{1!}+\dfrac{1}{2!}+\cdots\approx 2.7182818284\cdots$,我们知道它在那里,但"触碰"不到,只不过可以越来越靠近. 在开区间如 $(0,1)$ 中,我们可以取的数字确实有无穷个,可以无限逼近 0 或者 1,然而无论有多近,始终不能达到. 若建立对应 $f:(0,1)\to \mathbf{R}$,$f(x)=\tan\left[\left(x-\dfrac{1}{2}\right)\pi\right]$,则可以说明 $(0,1)$ 中的元素与实数集一样"多",简直是匪夷所思. 在无穷递缩等比数列中,无穷多项的和却是一个有限的值,有穷和无穷就这样奇妙地联系在一起了.

在几何中,对于有穷和无穷的辩证分析,是微积分思想的重要内容. 古希腊人安提丰(与苏格拉底同时代)提出当圆内正多边形的边数逐渐成倍增加,则多边形和圆的面积差将被穷竭. 德谟克利特曾提出棱锥的体积是等高等底棱柱体积的三分之一,欧多克斯运用穷竭法对这一结论给予了证明. 阿基米德对于穷竭法的运用最接近于后来的积分方法,抛物线弓形面积的计算就是他最典型的研究成果,这点也呈现在高中数学教材中了.

有一种美丽的几何分形,它是由赫尔奇·冯·科克在 1904 年创造的,现在称为科克雪花曲线. 作法是:先从一个等边三角形开始,把每一边分成三等分. 取走中间的三分之一,在被取走线段处向外作出两边为此线段长度的三分之一的"尖角". 不断重复这一过程……

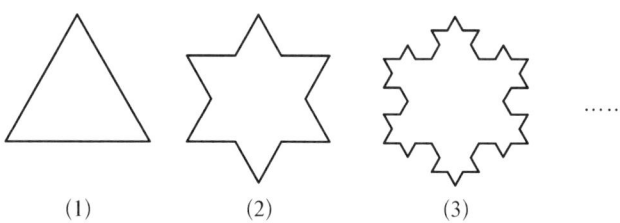

(1)　　　(2)　　　(3)

这种图形的周长是无穷的,而面积却是有穷的,其面积等于原三角形的$\frac{8}{5}$,这又体现了无穷与有穷的辩证统一.

自然界和日常生活中有很多"有穷、无穷"的现象,比如人体小肠中有很多绒毛,表面积展开非常大,虽然不是无穷的,但是也有雪花曲线的类似之处,在未增大多少体积的情况下却大大增加了表面积.细胞中的叶绿体和线粒体,也有类似的特性.

苏轼在《赤壁赋》中说"自其变者而观之,则天地曾不能以一瞬;自其不变者而观之,则物与我皆无尽也",将时间作为一个变量,分割成了无限小量并组合成了无穷大量.而"一瞬"和"无尽"便是无穷以及有穷的精髓所在,不知人到底是渺小的还是伟大的呢?

点评:杨悦然同学从代数、几何、生活、文学中的例子出发,阐发了对于"有穷"与"无穷"辩证关系的认识,紧密联系高中数学的内容,读来颇有兴味!

参考文献

1. 张奠宙,丁传松,柴俊等.情真意切话数学[M].北京:科学出版社,2011
2. 章建跃.章建跃数学教育随想录[M].杭州:浙江教育出版社,2017
3. 谈祥柏.数学与文史[M].上海:上海教育出版社,2002
4. 项武义.基础几何学[M].北京:人民教育出版社,2004
5. 项武义.基础代数学[M].北京:人民教育出版社,2004
6. 张恭庆等.泛函分析讲义(上册)[M].北京:北京大学出版社,1987
7. 华东师范大学数学系.数学分析[M].北京:高等教育出版社,2010
8. 吴军.数学之美[M].北京:人民邮电出版社,2014
9. Eli Maor(以色列).e 的故事:一个常数的传奇[M].周昌智,毛兆荣,译.北京:人民邮电出版社,2010
10. 范会同.几种类型的极值问题(数学小丛书)[M].北京:科学出版社,2002
11. 蔡宗熹.等周问题(数学小丛书)[M].北京:科学出版社,2002
12. 张奠宙.谈课堂教学中如何进行数学欣赏[J].中学数学月刊,2010(10)

13. 张奠宙.万变不离其宗——数学欣赏：欣赏数学中的不变量与不变性质[J].高中数学教与学,2012(1)

14. 张奠宙.数学欣赏：一片等待开发的沃土[J].中学数学教学参考(上旬),2014(1-2)

15. 张奠宙,柴俊.欣赏数学的真善美[J].中学数学教学参考(上旬),2010(1-2)

16. 章建跃等.美国高中数学核心概念图[J].课程·教材·教法,2013(11)

17. 章建跃.数学课程改革与教师专业化发展[J].中学数学教学参考(上旬),2007(12)

18. 章建跃.数学课堂教学设计研究[J].数学通报,2006(7)

19. 邵光华,章建跃.数学概念的分类、特征及其教学探讨[J].课程·教材·教法,2009(7)

20. 李邦河.数的概念的发展[J].数学通报,2009(8)

21. 史宁中.关于高中数学教育中的数学核心素养[J].课程·教材·教法,2017(4)

22. 李祎.高水平数学教学到底该教什么[J].数学教育学报,2014(6)

23. 洪燕君等.《普通高中数学课程标准(修订稿)》的意见征询——访谈张奠宙先生[J].数学教育学报,2015(3)

24. 黄秦安等.论数学欣赏的"含义""对象"与"功能"[J].数学教育学报,2013(1)

25. 徐章韬.如何提高提出"问题-命题"的能力[J].数学通报,2015(7)

26. 刘彦学,徐章韬.作为数学欣赏的对称[J].中学数学(高中版),2014(6)

27. 蒋亮.直面"无限",彰显数学教学品位[J].中学数学教学参考(上旬),2014(4)

28. 施咸亮,李名德.函数的周期性[A].初等数学研究论文选[C].上海：上海教育出版社,1992

29. 舒欣.关于方程概念的欣赏[J].数学教学,2010(1)

30. 刘洪璐,胡晋宾.《标准对数视力表》背后的"数学内核"[J].数学教学,

2009(9)

31. 罗安文,王析敞.抽象函数的实例探构[J].高中数理化,2006(2)
32. 任念兵,汪健.刍议在高三复习课上"玩概念"[J].数学通报,2015(7)
33. 任念兵.基于"运算"视角谈数学教学的中观设计[J].数学通报,2015(12)
34. 任念兵,汪健.再议在高三复习课上"玩概念"[J].数学通报,2016(4)
35. 任念兵,汪健.立足教材理解数学优化教学[J].数学通报,2016(8)
36. 任念兵,汪健.基于核心概念的高中"数学欣赏"教学初探[J].教育研究与评论(中学教育教学),2016(7)
37. 任念兵.基于核心概念的高中"数学欣赏"教学再探[J].教育研究与评论(中学教育教学),2016(12)
38. 任念兵.基于核心概念的高中"数学欣赏"教学三探[J].教育研究与评论(中学教育教学),2017(8)
39. 任念兵.基于核心概念的高中"数学欣赏"教学四探[J].教育研究与评论(中学教育教学),2017(10)
40. 任念兵.基于核心概念的高中"数学欣赏"教学的认识与实践[J].中学数学教学参考(上旬),2017(10)
41. 任念兵.从"数学欣赏"教学谈课程整合[J].教育研究与评论(中学教育教学),2018(1)
42. 偶伟国.赏析经典——二项式定理[J].数学教学,2010(11)